石河子大学哲学社会科学优秀学术著作出版基金
团场改革背景下兵团棉花产业高质量发展实现途径研究（兵
编号：18YB10）

经济管理学术文库·经济类

棉纺产业链高质量发展实现途径研究

Study on the Realization Way of
High Quality Development of Cotton Textile Industry Chain

张　杰　吴艳霞　杜伟伟／著

经济管理出版社
ECONOMY & MANAGEMENT PUBLISHING HOUSE

图书在版编目（CIP）数据

棉纺产业链高质量发展实现途径研究/张杰，吴艳霞，杜伟伟著 . —北京：经济管理出版社，2022.6

ISBN 978-7-5096-8537-2

Ⅰ.①棉… Ⅱ.①张… ②吴… ③杜… Ⅲ.①棉纺织工业—产业链—发展模式—研究—新疆 Ⅳ.①F426.81

中国版本图书馆 CIP 数据核字（2022）第 111436 号

组稿编辑：曹　靖
责任编辑：郭　飞
责任印制：黄章平
责任校对：王淑卿

出版发行：经济管理出版社
　　　　　（北京市海淀区北蜂窝 8 号中雅大厦 A 座 11 层　100038）
网　　址：www. E-mp. com. cn
电　　话：（010）51915602
印　　刷：唐山玺诚印务有限公司
经　　销：新华书店
开　　本：720mm×1000mm/16
印　　张：13
字　　数：193 千字
版　　次：2022 年 10 月第 1 版　　2022 年 10 月第 1 次印刷
书　　号：ISBN 978-7-5096-8537-2
定　　价：88.00 元

前　言

　　棉纺行业是稳就业、稳外贸、保民生、保稳定的关键行业之一，在维护棉花供给安全与纺织服装产业链、供应链国际竞争力方面发挥着不可替代的作用。我国是全球最大的棉花消费国，2021年我国棉花产量为573.1万吨，其中新疆棉花产量为512.9万吨，占全国总产量的89.50%；新疆地方与兵团分别达304.6万吨和208.3万吨，"中国棉花看新疆，新疆棉花看兵团"的发展格局已经形成。兵团棉花对保障国家棉花全产业链安全，促进农业增效、职工增收和经济社会稳定发挥了重要作用。新时代兵团要不断壮大综合实力，尤其是团场综合配套改革、土地确权颁证、国有企业改制等举措的落实，给兵团棉花产业发展带来深刻影响。同时，党的十九大明确提出加快生态文明体制改革、建设美丽中国，从国家层面上强调了绿色发展的重要性，纺织业作为我国高耗水、高排放、高污染产业之一，绿色发展是产业转型升级的必由之路，提高绿色发展水平对于增强我国纺织业国际竞争力具有重要的战略意义。因此，以深化供给侧结构性改革为主线，提升棉纺行业智能化、绿色化发展水平，推进纺织产业链上下游协同创新，对于推动棉纺行业高质量发展意义深远。全书主要研究内容如下：

　　（1）兵团棉花产业发展状况、功能定位、存在的问题与面临的机遇。本书首先梳理了全球棉花生产、消费、贸易发展格局，分析了国内外主要植棉区产业发展与政策支持情况；在系统归纳兵团棉花产业发展及团场综合配套改革的基础上，认为团场综合配套改革会对兵团棉花生产经营产生深刻影响，提出新时代兵团棉花产业的功能定位，指出高质量发展是兵团棉花产业的必由之路。其次从皮棉供给、技术示范、吸纳就业、市场化改革等方面总结兵团棉花产业取得的成就，并从植棉成本、世贸合规、产品质量、面源污染、信息不对称、组织化程度等方面分析兵团棉花产业存在的问题，梳理转变发展方式、乡村振兴、供给侧改革、兵团全面深化改革、丝绸之路经济带核心区建设等棉花产业面临的发展机遇。

（2）兵团棉花高质量发展的综合评价、障碍因素与实现路径。首先，借鉴以往文献，结合棉花产业发展实际，构建兵团棉花产业高质量发展评估框架，分别从棉花生产的全要素生产率、多维度皮棉综合质量、棉花种植的面源污染、棉花经济的共享性与包容性等方面，对兵团棉花产业高质量发展状况进行综合性、全面性、定量化测度与评价，科学判定兵团棉花产业高质量发展所处阶段。其次，系统对比团场综合配套改革前后兵团棉花生产的组织方式，分析土地确权颁证、棉花加工企业改革、目标价格补贴方式调整等制度变革对棉花生产经营的影响，以及改革后面临的品种多乱杂、残膜污染、采收与加工冲突等障碍因素，探索制约兵团棉花产业高质量发展的深层原因。最后，从生产经营主体创新、利益联结机制优化、完善目标价格改革、调控加工能力、面源污染治理、融入新发展格局六个方面，提出兵团棉花产业高质量发展的实现途径。

（3）我国棉纺织行业绿色发展定量测度、目标达成度与政策建议。一方面，利用实证与规范、定性与定量分析等方法，全面评价我国纺织业绿色发展水平及目标达成度，运用描述性统计分析我国纺织业在国民经济中的地位，以及发展现状，尤其是绿色发展现状，在借鉴绿色发展相关文献的基础上，从资源环境承载力、科技创新与产业增长三大维度定量测度我国纺织业绿色发展综合水平、资源环境承载力水平、科技创新水平与产业增长水平。另一方面，通过整理纺织业相关的政府文件，定量测度纺织业绿色发展指标目标达成度，并运用指数平滑法对绿色发展目标达成度进行短期预测，找出我国纺织业绿色发展的短板，从供给侧结构性改革出发，提出促进纺织业绿色发展的政策建议。

　　总之，当前变化的国际局势已对全球棉花产业链、供应链、价值链产生深刻影响，我国棉花产业低碳转型升级、实现绿色发展、融入新发展格局已成为行业共识。因此，要促进新疆棉花产业实现高质量发展、增强我国棉花产业的发展韧性、提高纺织服装产业国际竞争力等，必须强化三条路径：一是推动新疆棉花产业融入新发展格局。结合国内纺织服装消费转型升级趋势，积极融入国内大循环产业链，合规联入国际外循环供应链。二是加快模式变革、质量变革、效率变革、动力变革，实现高质量发展。培育棉花生产的新型生产经营主体，优化"产加销"利益联结机制，建立棉花质量追溯体系，适度调控加工产能，严格落实"一控两减三基本"等。三是提高纺织服装产业发展韧性。完善高质量发展激励机制与支持政策，加快纺织服装业绿色低碳转型，大力实施"三品"战略，加快企业自主创新步伐，优化产品出口结构，提高供应链与价值链地位，确保我国由纺织大国向纺织强国顺利转型。

目 录

下篇　供给侧结构性改革背景下中国纺织业绿色发展研究

上篇　团场改革背景下兵团棉花产业高质量发展实现途径研究

1 绪论

棉花是全球重要的大宗资源性农产品之一，广泛应用于纺织、轻工、医药等诸多领域，棉花使用量约占世界纤维总使用量的35%。目前，世界各地有80个国家或地区生产棉花，中国、美国和印度的棉花产量约占全球棉花产量的2/3。我国是全球最大的棉花消费国和进口国，印度是全球最大的棉花生产国，美国是全球最大的棉花出口国。新疆生产建设兵团（以下简称兵团）棉花产量占全国总产量的1/3，在我国棉花供给中占有重要的战略地位。兵团棉花生产已形成集规模化种植、精量播种、膜下滴灌、全程机械化为一体的技术集成体系，不仅对新疆地方棉花产生技术示范作用，也是我国棉花生产技术创新与高质量发展的引领地区。

1.1 问题的提出

自2018年以来，受贸易保护主义、中美贸易战等因素影响，我国棉花的产业链、价值链、供应链发生深刻调整，棉花和纺织品的贸易方向发生结构性变化，国际贸易总量不确定性加剧。作为我国传统支柱产业、重要民生产业和具有国际竞争优势的产业，我国纺织服装业对棉花的需求总量增长缓慢，但随着纺织服装业转型升级步伐加快，对高质量棉花的需求持续增大。兵团棉花生产技术、生产能力和质量水平全国领先，在我国棉花全产业链中具有不可替代的战略地位。自团场综合配套改革实施以来，兵团棉花生产的组织方式发生了深刻变化，市场在棉花资源配置中的作用逐步加强，植棉职工收入增加；但兵团棉花高质量发展的深层次问题依然严峻，高质量棉花供给依然不足，必须加大棉花领域的供给侧结构性改革力度，充分利用市场机制全面赋能兵团棉花产业高质量发展。

1.1.1　棉花市场发展格局

1.1.1.1　全球棉花生产格局

世界棉花主产区集中在亚洲大陆南半部、美国南部、拉丁美洲、非洲和澳洲五大棉区，主要产棉国印度、中国、美国、巴基斯坦、巴西、澳大利亚、乌兹别克斯坦的棉花产量占全球总产量的80%以上。美国、澳大利亚、巴西等国家棉花生产规模化、组织化、机械化水平较高，皮棉质量好，受到纺织企业的青睐；印度、巴基斯坦、非洲等国家生产规模化、机械化、组织化水平低，皮棉质量相对较差，难以满足40支及以上纺纱需求；中国棉花生产处于中上游水平，北疆兵团皮棉质量已可媲美美棉、巴西棉。据美国农业部（USDA）统计数据，2020/21年度[①]全球棉花总产量为2551.8万吨左右，其中印度、中国、美国棉花产量分别为653.2万吨、593.3万吨、371.5万吨，约占全球总产量的63.4%。从土地、劳动力等要素价格变化趋势和发展潜力综合判断，印度、巴基斯坦、巴西等发展中国家棉花产量增长潜力较大，中国棉花产量稳中

---

① 不同于自然年度从每年的1月至12月底，根据棉花生产的自然属性和上市周期，一个完整的棉花年度是从当年9月1日开始，到次年8月31日结束。

有降，美国、澳大利亚棉花产量基本保持稳定，但受气候、水资源等自然因素影响产量波动性较大。

1.1.1.2 我国是全球最大棉花消费国

棉花消费与纺织工业发展息息相关，欧、美、日等发达国家纺织工业规模小，棉花消费量不大，但凭借高新技术和高端品牌优势，占据纺织服装价值链的高端；中国、印度、巴基斯坦、东南亚等新兴经济体依靠较低的劳动力成本优势，已成为世界纺织工业的中心；近年来，以印度、巴基斯坦、孟加拉国、越南为代表的南亚、东南亚国家，通过发挥原料供应、贸易政策、劳动力成本等相对优势，纺织业快速发展，对棉花纤维的消费量与日俱增，未来消费潜力巨大。作为世界上最重要的天然纤维之一，棉花使用量约占世界纤维总使用量的35%；随着纺织服装功能化需求的攀升和化学工业的快速发展，化学纤维对棉纤维的替代压力逐渐增大；另外，纺织业从劳动密集型产业向技术、资本密集型产业的转型，也使纺织业吸纳劳动力、创造就业的功能下降。据美国农业部（USDA）统计数据，2019/20 年度主要消费国中国、印度、巴基斯坦、孟加拉国、土耳其、越南等国棉花消费量为 1772.3 万吨，占全球总消费量的79.7%，2020/21 年度上述主要消费国消费棉花 1961.7 万吨，占全球总消费量的80%左右。

1.1.1.3 棉花库存消费比由降转升

不同于工业产品可以根据市场需求随时组织生产，棉花生产受季节制约，具有周期性，每年的 9~12 月棉花集中上市，而消费则均匀分布在 12 个月之中，因此库存与消费决定市场供求关系，价格的高低与走势和库存消费比密切相关。自 2013/14 年度以来，全球库存消费比已由89%降为 2017/18 年度的65.93%，库存消费比的下降预示着供不足求的局面正在形成，棉花价格 Cot-look A 指数已由 2014/15 年度的 71 美分/盎司上升为 2017/18 年度的 88 美分/盎司。然而，受中美贸易战、新冠肺炎疫情等因素影响，全球库存消费比又大幅攀升至 2019/20 年度的 98.21%，棉花价格呈下滑态势。受临时收储政策影响，中国库存消费比一度高达 187%（2014/15 年度）。随着三年抛储政策的实施，库存消费比已在 2017/18 年度降为 93%，棉花价格上涨的局面已经形成，但受中美贸易摩擦影响，2019/20 年度中国库存消费比又大幅增长至 111%，虽然受新冠肺炎疫情和一些突出因素的影响，棉花价格短期内难以出现上涨的局面，但由于中国对新冠肺炎疫情的有效防控和中国纺织服装产业的韧性，2020/21 年度中国棉花库存消费比降为 91%，皮棉价格已恢复至中美贸易战之前的水平。

1.1.1.4 棉花国际贸易波动发展

由于各国棉花生产与消费的不完全匹配性，棉花国际贸易为平抑各国产需均衡、优化资源配置发挥重要作用。现行棉花国际贸易遵循 WTO 乌拉圭回合《农业协定》，在此规则下各成员国按照入世谈判的国内支持与市场准入规则进行棉花贸易。近五年来棉花国际贸易量为 890 万吨/年左右，占世界棉花总消费量的 1/3。世界棉花出口国主要有美国、巴西、印度、希腊、澳大利亚、贝宁、马里等，2019/20 年度共出口棉花 715.7 万吨，占全球棉花出口总量的 80%，其中美国出口量为 326.6 万吨，占全球贸易量的 36.8%，美棉、澳棉、巴西棉质量高、规模大、贸易条件好。世界棉花主要进口国集中在亚洲地区，包括中国、孟加拉国、越南、土耳其、巴基斯坦、印度尼西亚、印度等国家，2019/20 年度共进口棉花 738 万吨，占全球棉花出口总量的 84.68%。中国是世界上最大的棉花消费国和进口国，年均进口量为 200 万吨左右，随着中国率先走出疫情影响、经济恢复正常运转，中国棉花进口量尤其是优质皮棉的进口将大幅上升。

1.1.2 兵团棉花产业战略地位

兵团棉花产业除具备一般地区、一般产业的功能之外，还具有其特殊的产业功能与作用。一是棉花产业是团场职工就业与收入的重要渠道，是兵团维稳成边的经济基础；二是棉花产业是发挥兵团先进文化与先进生产力的重要示范产业，是兵地融合和向南发展的重要载体；三是兵团棉花产业是维护我国棉花安全、保障优质棉供给的重要力量。因此，发展壮大兵团必须通过深化改革和加大支持力度促进兵团棉花产业高质量发展。

1.1.2.1 棉花产业为兵团履职尽责发挥基础性作用

新时代党中央从战略全局出发确定社会稳定与长治久安为新疆总目标，并作出发展壮大兵团和促进兵团向南发展的战略安排，棉花产业是兵团发挥"三大功能""四大作用"的关键产业，通过产业为职工群众提供就业与收入，棉花产业是兵团重要的支柱产业，仅棉花种植业就吸纳就业 13 万人左右，再加上植棉服务业、棉花加工流通业、纺织服装业，就业总人数应在 50 万人以上，棉花产业为兵团的履职尽责奠定了坚实的经济基础。据统计，兵团 60% 以上的职工收入来自于植棉，改革前团场农业利润的 50% 以上与棉花产业有关，有 100 多个团场经济社会发展依赖于棉花产业。可见，棉花生产不仅关系着兵团职工的就业与收入，而且对实现兵团特殊使命、服务新疆总目标具有重要的战略意义。

1.1.2.2 棉花产业是兵团先进生产力的示范产业

兵团棉花种植技术与创新能力遥遥领先，经过多年探索已形成了以精量播种、膜下滴灌、水肥运筹、全程机械化和优质皮棉加工为核心的棉花生产技术集成体系。虽然棉花机械化采收较其他农作物难度大，但经过多年探索与实验，兵团成为了我国规模最大的机采棉生产区。2020 年兵团拥有采棉机 2760 台，机采棉面积为 786.67 千公顷（1180 万亩），棉花机采率达 90.9%。兵团棉花生产的领先地位，得益于其高度组织化、规模化、机械化和智能化生产方式，这种生产组织方式符合优质高产皮棉的生产特征，使兵团优质皮棉单产达 160 千克/亩以上，较新疆平均水平高 18.69%，较全国平均水平高 38.13%。

兵团棉花生产集成技术体系在我国棉花生产中具有重要的创新引领与示范作用，成为带动我国（尤其是新疆地方）棉花产业发展的集成技术示范者。棉花生产成为名副其实的先进技术和先进文化示范产业，在兵地融合与向南发展过程中发挥着重要的作用。

1.1.2.3　兵团棉花产业是保障国家棉花安全的重要力量

兵团是我国重要的优质商品棉生产基地，在我国棉花生产中具有重要的战略地位。2013~2018 年，兵团年均种植棉花 1021.37 万亩、年均皮棉总产量 244.53 万吨，分别占新疆种植总面积和总产量的 30.77% 和 37.33%，占全国种植总面积和总产量的 18.36% 和 27.84%。兵团棉花供给量占我国消费量的 1/4，且是我国优质皮棉的主要产区，为保障我国纺织服装业对高品质皮棉的需求做出重要贡献。2018 年兵团生产"双 28.5"以上高质量皮棉 36 万吨，占全国高质量棉花总供给的 36%，占全国高质量棉花总需求量的 12.6%。随着我国纺织服装业转型升级，对优质、稳定、可靠的皮棉原料需求加大，尤其是在我国经济发展的外部形势复杂严峻、全球贸易规则重塑的背景下，保持和稳定兵团优质棉供给的现实价值进一步凸显。

1.1.3　兵团团场综合配套改革

为贯彻落实《中共中央 国务院关于新疆生产建设兵团深化改革的若干意见》（中发〔2017〕3 号）文件要求，兵团党委周密部署、稳步推进团场综合配套改革，在棉花生产经营方面的主要改革举措如下：

一是实施以土地确权颁证、五保三费自理、取消"五统一"为主要内容的改革。增强职工经营自主权，种植品种选择、农资采购、田间管理、采收与交售等由职工自主决策。

二是实施以健全和转换师团"政"的职能以及连队两委"服务"职能为中心的改革。师团由"企"转"政"，依法履行行政职能和国有资产出资人职责，成为公共服务提供者和市场监管者。连队"两委"由行政任命的"管理者"转为民主选举的"服务者"，以宣传引导替代行政管理，积极帮助职工做好棉花产销协调、指导、服务等工作，建立了以民主管理为基础的农业管理体制和运行机制。

三是实施以"企业成为真正的市场主体"为核心的团办企业改革，对团办农资、农机、棉花加工企业等按照"四个一批"的原则进行分类改革，将团办加工企业推向市场使其成为独立法人，流通企业通过合并重组形成企业集团，不再依靠行政手段参与棉花生产经营，与非公企业共同参与市场竞争。

四是实施以"价补分离""优质优价"为核心的棉花目标价格补贴改革。改变自 2014 年以来"价补合一"的补贴形式，实施籽棉价格由市场形成、目标价格补贴由政府发放的改革措施。继续实行"补贴与质量挂钩"试点，发挥"优质优价"政策导向作用。

1.1.4 高质量发展是兵团棉花产业的必由之路

新时期，兵团要不断壮大综合实力，更好地履行职责使命、发挥特殊作用，必须深入推进改革开放。团场综合配套改革、土地确权颁证、国有企业改制等举措的落实，给兵团棉花产业发展带来深刻影响，迫切需要进行深入系统的研究。"中国棉花看新疆，新疆棉花看兵团"早已是业内共识。兵团棉花对保障国家棉花全产业链安全，促进农业增效、职工增收、经济发展、社会稳定发挥了重要作用，应该引起理论界的高度重视。

党的十九大和中央经济工作会议指出，我国经济已由高速增长阶段转向高质量发展阶段。乡村振兴战略强调产业兴旺是乡村振兴的重点，必须坚持质量兴农、绿色兴农，以供给侧结构性改革为主线，通过绿色发展引领乡村振兴。棉花产业的健康稳定发展意义重大（喻树迅等，2016），在为纺织工业提供原料保障的前提下，也为农民就业与增收、维护生态环境做出了重大贡献。然而，传统的棉花生产耕作方式，造成了严重的耕地退化和面源污染，再加上劳动力等要素成本的上升，我国棉花国际竞争力显著下降，产业安全受到严重威胁，新时代高质量发展成为我国棉花产业的必由之路。

当前，兵团棉花产业发展形势严峻：一是团场国有农地确权颁证，短期内可能影响棉花生产的组织化水平，增加了高质量皮棉生产的难度；二是植棉成本高、收益低，兵团50%以上农工从事棉花生产，传统发展方式已达增收极限，职工增收面临瓶颈；三是棉花质量危机不断，2019年兵团棉花质量略有下降，2020年兵团棉花质量大幅下滑，难以满足我国纺织服装业转型升级要求，同时全要素生产率提升缓慢，创新驱动型发展模式还未建立；四是目标价格补贴属于黄箱补贴，补贴面临世界贸易组织（WTO）违规压力，"转箱"政策难突破；五是面源污染不断加剧，清洁生产推进缓慢，残膜不仅对棉田造成严重污染，而且以异性纤维混入皮棉，导致皮棉质量提升困难。因此，破解兵团棉花产业高质量发展难题，有利于提高兵团棉花产业的活力、创新力和竞争力，有利于保障我国棉花产业安全和纺织业转型升级，有利于发挥兵团特殊作用、服务新疆总目标。

1.2　国内外研究综述

1.2.1　关于高质量发展内涵的研究

高质量发展概念内涵丰富，随着我国发展实践对其认识不断深化。学术界和政府部门均认为，高质量发展的本质是为解决我国经济社会主要矛盾所形成的"新发展理念"的具体体现。相关政府部门一致认为"高质量发展是体现创新、协调、绿色、开放、共享新发展理念的发展，是能够更好地满足人民日益增长的美好生活需要的发展"；学者也指出，高质量发展要全面体现创新、协调、绿色、开放、共享新发展理念的发展（杨伟民，2017；金碚，2018；刘迎秋，2018）。李伟（2018）指出，推动经济实现高质量发展，是适应我国发展新变化的必然要求，根本在于解决"好不好"的问题。张军扩（2018）认为，要通过智能化、精细化、绿色化、服务化、品牌化，促进传统产业的转型升级，提高其质量、效率和竞争力。

随着我国高质量发展实践的深入推进，学者对高质量发展的内涵、评价体系、实现路径等研究也不断深入。马晓河（2018）认为，经济高质量发展包括产业产品的创新性、城乡地区以及经济与其他领域的协调性、环境资源利用的可持续性、经济发展的对外开放性和发展成果的可共享性五大内容。廖群（2018）认为，高质量发展包括八大方面：以人民为中心的发展、更为平衡的发展、更低风险的发展、更以创新驱动的发展、更高经济结构水平的发展、更高经济效益的发展、更加绿色的发展、符合新时代的中高速增长。姜长云（2019）认为，服务业高质量发展是能够满足人民日益增长的美好生活需要的发展，也是体现五大发展理念的发展。颜波等（2019）指出，粮食产业高质量发展是满足人民对美好生活需求的迫切要求，必须深入贯彻落实新发展理念，并从产品优质、产出高效、产业融合、结构优化和环境友好五方面阐释了粮食产业高质量发展的内涵。

1.2.2 关于我国（兵团）棉花产业发展的研究

随着棉花产业供给侧结构性改革的深入推进，"中国棉业高质量发展"已成为政府部门、行业组织和专家学者关注的热点问题之一。喻树迅等（2016）认为，在当前农村劳动力大量转移的形势下，棉花生产方式必须向"快乐植棉"的方向转变，以确保棉花产业的可持续发展。戴公兴（2018）认为，推进中国棉业高质量发展已成为当前的形势要求、发展所需和历史选择，既是中国棉花协会的使命，也是所有棉业同仁的责任。程国强（2018）认为，中国棉业高质量发展的内涵包括高质量的棉花供给、高质量的棉花产业体系、高质量的棉花资源配置、高质量的棉花绿色化和高质量的棉花竞争力。毛树春等（2018）认为，在农业高质量发展背景下，中国棉花品质要实现由中低端向中高端转变，推动棉花产业转型升级和提质增效。尹坚（2018）认为，推动棉花及纺织产业高质量发展，需要处理好政府与市场的关系。李雪源等（2018）认为，中国棉花产业高质量发展需把握三方面的内涵：一是微观层次，即棉花生产者要提高棉花质量以满足高质量消费的质量需求；二是宏观层次，即强调棉花产业经济贡献要由资源比拼型向高附加值的商品经济型转变，以五大发展理念作为宏观层次高质量发展的动力；三是能够满足人们对美好生活的向往，能够促进致富和带动就业。

兵团在中国棉花生产中的地位与作用日益凸显。武建设和陈学庚（2015）指出兵团棉花生产基本实现了全程机械化，并逐步向规模化、信息化、智能化和社会服务化方向发展，机械化是兵团棉花生产领先的关键因素。喻树迅等（2016）认为，精量播种和机械化采收技术的发展，使兵团成为全国最重要的优质商品棉生产基地。赵新民等（2013）认为，兵团应从品种选育、风险分担、配套建设、协调利益等方面提升棉花机械化采收效益。李豫新和付金存（2011）发现，兵团在棉花生产和纺纱等环节的竞争力极强，而织布与服装生产等环节则处于劣势地位。兵团棉花生产面临面源污染加剧、棉花质量下降、生产成本高企和支持政策违规等困境（张杰和杜珉，2016；王力和何韶华，2018）。2016 年兵团农田残膜量平均为 19.08 千克/亩（苏剑，2019），远高于全国平均水平。兵团棉花应依靠科技进步和综合政策支持，实现资源节约型、环境友好型、收益基本合理和生产可持续的发展。

棉花质量受多种因素影响，主要包括品种、栽培、采收加工、管理体制等，陆地棉的产量和纤维质量（长度、强度、马克隆等）呈负关联（Khalid Usman 等，2013；Dexter B. Watts 等，2017；韩若冰，2015）。广谱除草剂结合保护性耕作可以显著提高籽棉产量和纤维质量（Khalid Usman 等，2013）。Dexter B. Watts 等（2017）发现，科学的施肥可以提高皮棉产量，钾元素供给可以增加旱地棉花的产量和纤维长度。Yongliang Liu 等（2012）等发现，籽棉与皮棉含杂率、清理次数影响皮棉质量，但棉花品种对皮棉纤维长度的影响更显著。R. K. Byler 和 A. G. Jordan（2010）指出，机采棉清理次数的增加导致棉结数量和短纤含量明显上升。

1.2.3　关于高质量发展阶段评估的研究

学者主要利用熵值法、层次分析法、熵权-TOPSIS 法（辛岭和安晓宁，2019；李俊玲等，2019；张震和刘雪梦，2019；魏敏和李书昊，2018；郭淑芬等，2019），以国家经济、区域经济、产业经济为研究对象，对经济高质量发展水平进行测度与评价。一是对中国经济高质量发展水平进行测度。魏敏和李书昊（2018）认为，可从经济结构优化、创新驱动发展、资源配置高效等 10 个子系统 53 项指标来构建高质量发展指标体系。李梦欣和任保平（2019）、华坚和胡金昕（2019）从"五大发展理念"维度构建中国高质量发展的评价指标体系。李金昌等（2019）提出由经济活力、创新效率、绿色发展、人民生活、社会和谐 5 个方面 27 项指标组成的评价体系。二是对地区或城市高质量发展水平进行测度。郭淑芬等（2019）构建了由动力变革、效率变革、质量变革 3 个维度 24 项指标组成的资源型地区高质量发展评价体系。张震和刘雪梦（2019）从经济发展动力、绿色发展、经济共享性等 7 个维度 38 项指标构建了城市经济高质量发展评价体系。三是对产业或行业高质量发展进行测度。辛岭和安晓宁（2019）从绿色发展引领、供给提质增效、规模化生产和产业多元融合四个方面构建了农业高质量发展评价指标体系。李俊玲等（2019）

从金融自身发展质量、金融支持经济创新发展、金融支持经济协调发展等 7 个维度构建了金融高质量发展评价体系。

1.2.4　关于创新驱动棉花产业发展的研究

全要素生产率成为评价创新驱动与高质量发展的重要指标，学者认为高质量发展意味着从"粗放式增长"转向"集约式增长"，即全要素生产率的提高；全要素生产率的提升能够显著促进高质量发展，必须提高全要素生产率推动高质量发展（蔡昉，2018；苏剑，2019；张治栋和廖常文，2019）。推动经济发展质量变革、效率变革、动力变革，最后都要落脚到提高全要素生产率，全要素生产率可以用来衡量高质量发展（刘秉镰和陈诗一，2019；蔡跃洲和陈楠，2019；王一鸣，2019）。大量实证研究用全要素生产率评价高质量发展阶段（刘帅，2019；黄庆华等，2020；王振华等，2020）。王竹君和任保平（2018）采用三阶段 DEA 模型测算了高质量发展地区的经济效率，发现由于规模效率的影响，中国各地区经济效率表现出"东部高、西部低"的明显态势。邢夫敏和孙琳（2019）运用 DEA 方法测算了江苏省旅游效率以研究旅游业的高质量发展。杨恺钧和闵崇智（2019）研究了中国"一带一路"沿线省份工业绿色全要素生产率。周宾（2020）运用 Super-SBM 模型和 DEA-Malmquist 指数模型测度了我国各省份技术效率和全要素生产率，发现全要素生产率变化的数值处于大于 1 的波动态势，东部发达地区的技术效率值较高，而中西部地区则偏低。

技术创新提高了棉花生产的全要素生产率，促进棉花产业可持续发展。田伟等（2014）指出，中国棉花生产的技术进步显著，新疆已经成为我国棉花 TFP 增长最高的区域。棉花技术进步、技术效率都远高于其他植棉区（宋玉兰等，2013）。学者认为育种技术、滴灌技术、机械化技术在促进棉花产业可持续发展方面作用重大。Jikun Huang 等（2003）、Qaim Matin 等（2006）发现，种植 Bt 转基因棉花品种，可以减少农药用量、提高生产效率，对棉农健康、反贫困和生态环境产生积极而显著的影响。白岩等（2017）指出节水灌溉与水肥一体化实现节本增产增效，使新疆成为全国平均单产最高的优势棉区。Fuqiang Tian 等（2016）指出，膜下滴灌技术可以有效地防止水分蒸发、提高土壤温度，是新疆棉花种植经济而有效的手段。刘北桦等（2014）指出，棉花生产全程机械化是降低棉花生产成本、实现棉花产业现代化、巩固新疆棉花产业优势地位的必然选择。

1.2.5　已有研究的述评

已有文献在棉花质量影响因素、兵团棉花产业和创新驱动方面做了大量研究，为本篇的顺利开展提供了重要参考。但对高质量发展的研究依然局限在理念、内涵和宏观层面上的探讨，对棉花产业的研究更多关注"规模增长"而不是"质量提升"。当前，我国经济进入高质量发展阶段，兵团全面改革深入推进，迫切需要对棉花产业高质量发展进行系统的研究。因此，本篇在兵团团场综合配套改革背景下，聚焦兵团棉花产业高质量发展实现途径这一命题，通过梳理兵团棉花产业发展成就、问题与机遇，准确把握兵团棉花产业高质量发展状况，厘清兵团棉花产业高质量发展的重点领域与实现途径，提出相应的政策建议。

1.3　研究思路与内容

基于以上分析，我们对兵团棉花产业形成以下主要认识：一是兵团棉花在保障国家棉花产业安全和纺织业转型升级中的地位不可替代。兵团优质皮棉供给量占我国消费量的20%左右，为我国纺织服装业转型升级提供坚实保障。二是棉花生产集成技术是兵团发挥先进生产力示范作用的重点领域。兵团已形成了以精量播种、膜下滴灌、水肥运筹、机械采收和精准加工为核心的棉花生产集成技术体系，棉花机械化采收水平在80%以上，对新疆地方植棉的示范带动作用明显。三是高质量发展是破解兵团棉花产业发展困境的必由之路。传统棉花生产面临"高成本、高补贴、高污染，低收益、低质量、低效率"的困境，必须推动产业发展质量变革、效率变革、动力变革，通过创新驱动提高全要素生产率，实现兵团棉花产业高质量发展。

因此，本篇首先梳理归纳兵团棉花产业的发展状况，包括取得成就、存在问题和发展机遇，分别从棉花质量、全要素生产率、清洁生产、包容性发展等角度科学判断兵团棉花产业高质量发展阶段，找出制约其高质量发展的关键因素。然后，结合兵团全面深化改革实际，以创新驱动产业发展为重点，分别从重塑生产组织形式、组建棉花产业集团、探索合规高效的产业政策、稳步提升皮棉质量、提升清洁生产水平等方面提出棉花产业高质量发展的实现途径。研究思路与方法如下（见图1-1）：利用文献查阅法、田野调查法、归纳演绎法、实证分析法等研究方法，以实现兵团棉花产业高质量发展为目标，归纳总结出

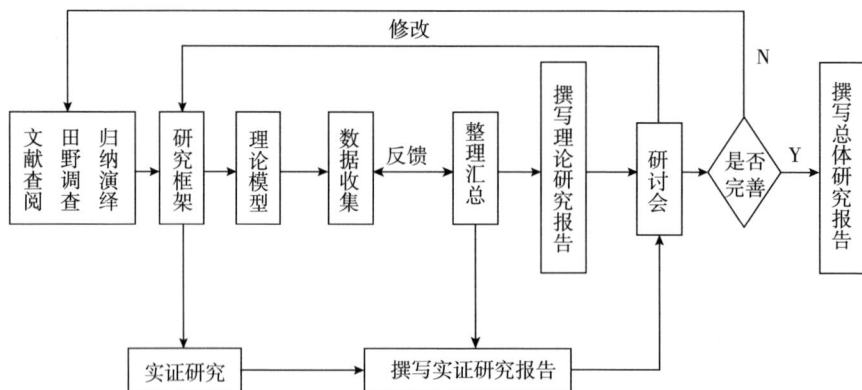

图1-1　研究思路和方法

兵团棉花产业发展取得的成就、存在的问题和面临的发展机遇，科学判断兵团棉花产业高质量发展阶段，结合兵团全面深化改革实际，以创新驱动产业发展为重点，提出棉花产业高质量发展的实现途径。

1.4　研究价值与意义

本篇的主要价值如下：

第一，在百年未有之大变局加速发展、我国社会主义建设进入新时代、发展壮大兵团和全面深化改革的背景下，通过科学研判提出兵团棉花产业的新型创新引领、技术示范、兵地融合平台、棉花"走出去"的功能定位。

第二，借鉴已有研究分别从棉花质量、全要素生产率、清洁生产、包容性发展等角度，定性、定量科学评估兵团棉花产业高质量发展所处阶段，厘清兵团棉花产业高质量发展的制约因素。

第三，结合兵团全面深化改革实际，以创新驱动产业发展为重点，分别从重塑生产组织形式、组建棉花产业集团、探索合规高效的产业政策、稳步提升皮棉质量、提升清洁生产水平等方面提出棉花产业高质量发展的实现途径。

解决上述问题的重要意义如下：

第一，丰富高质量发展理论，为棉花产业高质量发展奠定理论基础。探索兵团棉花产业高质量发展问题，提出产业层面高质量发展的测评方案、影响因素、实现途径和政策建议，为实现棉花产业高质量发展、团场全面深化改革和产业兴旺连队振兴奠定理论基础。

第二，提高兵团棉花产业的市场竞争力，保障我国棉花产业安全。破解"高成本、高补贴、高污染，低收益、低质量、低效率"的困局，培育棉花产业"创新驱动"发展模式，有利于提高兵团棉花产业的市场竞争力和品牌知名度，对保障我国棉花产业安全具有重要的现实意义。

第三，促进兵团棉花产业兴旺发展，助力兵团维稳成边特殊使命。高质量发展将促进兵团棉花产业兴旺发达，有助于稳定团场职工队伍、集聚团场人口，有助于兵团发挥先进生产力示范作用，对实现兵团维稳成边特殊职责使命具有重要的战略意义。

2 兵团棉花产业：成就、问题与机遇

兵团棉花产业不仅保障了我国优质皮棉的供给，而且为团场履行维稳戍边职责使命奠定了经济基础。近年来，在团场综合配套改革、农业供给侧结构性改革等政策推动下，兵团棉花产量大幅增加，市场在资源配置中的作用不断增强，兵团棉花产业取得了一系列成就。同时，受生态环境、技术创新、国际环境等因素影响，兵团棉花产业面临面源污染、组织化程度降低、创新驱动能力不足等问题；必须抓住经济高质量发展、乡村振兴战略、供给侧结构性改革、双循环新格局、核心区建设等重大机遇，通过深化改革和创新驱动实现棉花产业高质量发展。

2.1 取得的成就

自 2014 年实施目标价格改革，尤其是 2018 年的团场综合配套改革以来，破除了兵团行政主导"五统一"的棉花生产经营模式，市场在棉花品种选择、籽棉交售等生产经营环节的决定性作用逐步深化，有力地促进了兵团棉花产业的发展，种植规模与产量持续增加，植棉职工的生产经营自主性大幅增加，棉花产业在兵团农业生产经营中的基础性地位不断增强，为我国纺织服装业转型升级奠定了坚实的原材料支撑。

2.1.1 保障国家棉花产业安全的优质皮棉供给者

棉花质量主要指皮棉的内在品质指标，既包括纤维长度、断裂比强度、马克隆值、纤维一致性、轧工质量等现有公检指标，也包括短绒率、棉结含量等未公检但对纺织企业纱线品质与价格有显著影响的指标。其中，纤维长度是棉花最重要的内在质量指标之一，与棉花的整体使用价值密切相关；细绒棉的长度 28 毫米级为标准级，高于 28 毫米的棉花使用价值较高，低于 28 毫米的棉花使用价值较低。断裂比强度是棉花重要的内在质量指标，与纱线的成纱强力有很好的相关性，细绒棉平均断裂比强度 28 牛/特克斯是区分高质量与低质量皮棉的重要标准。马克隆值是棉花细度和成熟度的综合反映，棉花的马克隆值过高或过低都不好，只有细度适中、成熟度适中才能获得较全面的使用价值；根据细绒棉的马克隆值的分级来看，A 级的使用价值较好，B 级正常，C 级较差。长度整齐度指数是棉花重要的质量指标，用以表示棉纤维长度分布均匀或整齐的程度，对纱线的条干、落棉率有重要影响，同时对纱线的强度也有影响；细绒棉按长度整齐度指数和使用价值从高到低分为很高、高、中等、低、很低五档。

长期以来，兵团棉花以纤维长、丝光度好、品级高著称，成为我国纺织企业生产配棉的首选原料，在市场上具有较大的竞争优势。但临时收储政策实施的三年，兵团新疆棉花的质量出现持续下滑的局面，平均纤维长度由 2010 年的 28.89 毫米下降为 2014 年的 28.56 毫米。2014 年目标价格改革，尤其是自 2018 年团场综合配套改革政策实施以来，在市场压力作用下兵团相关部门转变观念、多措并举提升棉花质量：一是提高团场"一主一辅"标准，加强品种管理；二是推动机采栽培模式和脱叶催熟技术创新推广，机械化采收达 90% 左右；三是根据纺织企业对皮棉指标的要求，减少清理次数、优化加工工艺。经过多年努力，纺企重点关注的纤维长度和断裂比强度等指标均大幅改善，2014~2019 年，平均纤维长度由 28.56 毫米增长为 29.22 毫米，30 毫米以上纤维占比由 1.84% 增长为 15.08%；平均断裂比强度由 27.75 牛/特克斯增长为 28.75 牛/特克斯。如表 2-1 所示。

表 2-1 2010~2019 年新疆兵团与地方棉花品质状况

指标	区域	2010 年	2012 年	2014 年	2015 年	2016 年	2017 年	2018 年	2019 年
平均纤维长度（毫米）	兵团	28.89	28.32	28.56	28.37	29.04	29.27	29.37	29.22
	地方	29.51	28.64	28.81	28.65	29.06	29.06	29.03	28.95
	全国	29.10	28.48	28.64	28.50	28.26	29.00	29.10	29.01
平均断裂比强度（牛/特克斯）	兵团	27.72	27.28	27.75	28.17	28.07	28.49	28.80	28.75
	地方	28.26	27.80	27.90	28.13	27.71	27.72	28.16	28.11
	全国	28.23	28.12	28.04	28.23	27.94	28.03	28.41	28.39
马克隆值 A 档占比（%）	兵团	47.25	29.88	49.94	7.04	16.75	17.67	30.45	17.40
	地方	37.17	28.19	34.09	9.05	10.30	14.42	27.77	19.55
	全国	36.95	31.35	35.01	7.80	12.32	15.15	27.96	18.58
长度整齐度指数（%）	兵团	82.67	82.25	82.46	82.60	82.90	82.36	82.46	82.44
	地方	83.34	82.73	82.92	82.78	82.95	82.57	82.52	82.32
	全国	82.73	82.48	82.64	82.68	82.91	82.49	82.49	82.36

资料来源：根据中国纤维检验局网站数据整理。

总体来看，兵团生产了我国 1/3 的优质皮棉，为保障我国优质皮棉供给，巩固新疆优质棉基地建设发挥重要作用。其中，双"29A"及以上占比由 2016 年的 3.83% 上升到 2018 年的 14.04%，增长了近 3 倍；双"29A+B"及以上占比更是从 2016 年的 16.28% 上升到 2019 年的最高占比 38.28%，超过同期地方占比增幅 88.06%。表 2-2 给出了 2015~2019 年兵团主要植棉师棉花质量情况，由表 2-2 可知，近五年来兵团各师棉花质量持续改善，其中，2018 年平均纤维长度与平均断裂比强度为近几年最好。受气候条件、技术水平和管理能力影响，各师棉花质量存在一定的差异，南疆师团无霜期长，棉花生长和采收相对北疆具有一定的优势，但种植技术与管理水平低于北疆师团。受此影响，兵团北疆植棉师棉花质量优于南疆植棉师，尤其是第六师、第七师、第八师产量大、质量好，三个师的产量之和约占兵团棉花总产量的一半以上，且棉花质量均排在兵团各师的前列，第七师已连续四年平均纤维长度与平均断裂比强度均值达"双29"以上；南疆三个植棉师棉花整体质量低于北疆植棉师，尤其是平均断裂比强度指标偏低，其中除 2019 年外，第二师、第一师棉花质量均优于第三师。

表 2-2　2015~2019 年兵团各师棉花质量情况

指标 植棉区	平均纤维长度（毫米）					平均断裂比强度（牛/特克斯）				
	2015 年	2016 年	2017 年	2018 年	2019 年	2015 年	2016 年	2017 年	2018 年	2019 年
第一师	28.10	28.44	29.11	29.13	28.60	27.33	27.17	27.32	28.29	27.22
第二师	28.30	29.47	29.91	29.28	28.80	27.55	26.85	27.60	27.91	27.63
第三师	28.40	28.69	28.41	28.92	28.70	26.87	26.27	26.19	27.82	27.67
第四师	29.60	28.45	29.90	29.09	29.80	29.82	28.22	29.96	28.98	29.63
第五师	28.20	29.44	29.25	29.36	29.40	27.86	28.60	29.05	28.36	29.28
第六师	28.20	28.89	29.78	29.38	29.10	29.11	28.81	30.29	29.70	29.25
第七师	28.70	29.64	29.31	29.66	29.60	28.98	29.24	29.38	29.43	29.64
第八师	28.40	29.25	29.32	29.45	29.50	28.97	28.82	28.85	28.90	29.21
第十师	28.00	—	30.00	29.54	29.30	29.26	—	30.41	30.05	30.15
第十三师	28.10	29.12	29.34	29.13	28.80	27.39	28.80	28.00	27.72	28.23
兵团	28.37	29.04	29.27	29.37	29.22	28.17	28.07	28.80	28.80	28.75

资料来源：课题组根据 i 棉网（http：//www.i-cotton.org/icotton/statistics/html/s_ fgc_ jgjy.html）数据整理。

2.1.2　带动新疆地方棉花产业发展的技术示范区

兵团团场散布在全疆各地，与新疆地方形成"嵌入式"发展格局。自

1950 年兵团开荒屯垦试种棉花以来，植棉规模不断扩大，兵团下辖 14 个师中（除第九师）13 个种植棉花，2019 年棉花种植面积为 868.77 千公顷，占农作物播种总面积的 62.7%。自 2008 年以来，兵团棉花生产规模大幅增加，植棉面积由 2008 年的 563.16 千公顷增加为 2019 年的 868.77 千公顷，增加幅度高达 54.3%，年均增长率为 1.40%；棉花总产量由 2008 年的 131.34 万吨增加为 2019 年的 202.80 万吨，增加幅度高达 54.4%，年均增长率为 1.40%；单产水平也微幅增长，2019 年达 2334 千克/公顷。

兵团棉花加工厂布局、加工能力与各师棉花产量基本匹配，兵团棉花加工厂相对于地方加工厂设备较为先进、生产较为规范，兵团棉花加工通过技术扩散、示范引领等作用带动地方棉花加工厂发展。经过多年建设，兵团具有加工资质的棉花加工企业共有 267 家，整体来看，各师棉花加工厂数量和加工能力与其棉花生产规模基本保持一致，可以满足棉花收购和加工需求。具体情况如图 2-1 所示。2019 年兵团棉花总产量 202.80 万吨，每个加工厂平均加工量为

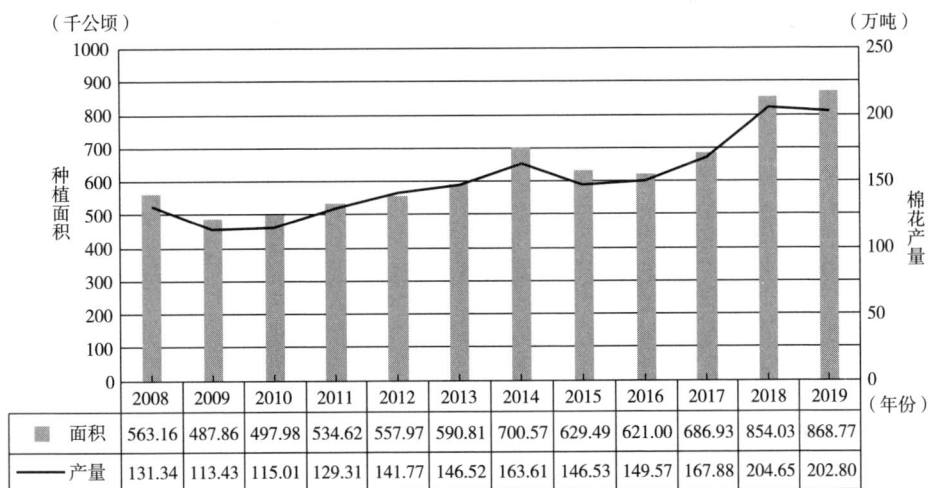

	2008	2009	2010	2011	2012	2013	2014	2015	2016	2017	2018	2019
■ 面积	563.16	487.86	497.98	534.62	557.97	590.81	700.57	629.49	621.00	686.93	854.03	868.77
—— 产量	131.34	113.43	115.01	129.31	141.77	146.52	163.61	146.53	149.57	167.88	204.65	202.80

图 2-1 2008~2019 年兵团棉花播种面积与产量

7596 吨。其中，厂均加工量高于平均加工量的有第十师、第八师、第四师、第三师、第一师，表明这些师的加工能力强，低于平均加工量的有第二师、第五师、第六师、第七师、第十三师等，表明这些师的加工能力不足（见表2-3）。

表 2-3　2019 年兵团各师皮棉产量与加工厂数量　　　单位：吨，家

植棉区	产量	加工厂数量	厂均加工量	植棉区	产量	加工厂数量	厂均加工量
第一师	363500	25	14540.00	第七师	312400	58	5386.21
第二师	112700	18	6261.11	第八师	596200	69	8640.58
第三师	173400	16	10837.50	第十师	13500	1	13500.00
第四师	24500	3	8166.67	第十二师	—	1	—
第五师	117300	17	6900.00	第十三师	34800	6	5800.00
第六师	273100	52	5251.92	第十四师	—	1	—

资料来源：《新疆生产建设兵团统计年鉴 2020》、调研数据。

兵团棉花种植技术与创新能力全国领先，已形成良种选育、精量播种、膜下滴灌、水肥运筹、全程机械化、优质皮棉加工为核心的棉花生产技术集成体系。2019 年兵团棉花精量播种面积为 1265.29 万亩，占植棉面积的 97.1%；拥有采棉机 2500 台，机采面积 1080.40 万亩，机采率达 82%；皮棉单产为155.6 千克/亩。兵团棉花产业在新疆棉花生产中发挥创新引领、示范带动、技术扩散作用，对提高新疆地方棉农种植水平与植棉收入发挥了重要作用。棉花产业是兵团先进技术与先进文化的示范产业，是促进"兵地融合"，实现"向南发展"的重要载体。

2.1.3　团场经济的支柱产业和吸纳就业的主渠道

"中国棉花看新疆，新疆棉花看兵团"早已是业内共识，兵团棉花产业在我国棉花生产中具有特殊重要的战略地位。图 2-2 给出了 2009～2019 年兵团植棉面积和产量占全国与新疆的比重，可以看出兵团棉花生产规模与地位不断

提升。2009 年兵团种植面积与棉花产量占全国的比重仅为 9.86% 和 17.79%，随着兵团植棉比较优势的进一步加强，兵团棉花生产规模在全国的比重不断攀升，到 2019 年比重分别达 26.02% 和 34.44%，种植面积全国占比提高了 16.16 个百分点，产量占全国的比重提高了 16.65 个百分点。由图 2-2 可知，兵团棉花生产规模在新疆占比在 2015~2019 年也呈扩大态势。

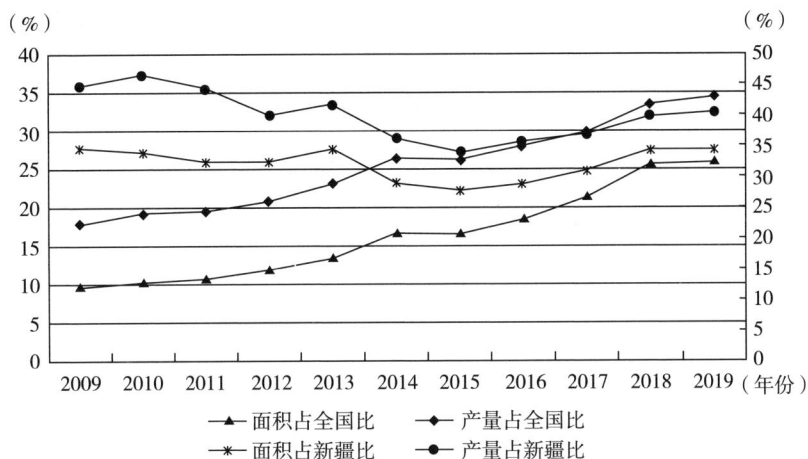

图 2-2　2009~2019 年兵团棉花占全国与新疆的比重

　　长期以来，棉花产业是兵团的支柱产业，在兵团国民经济和吸纳就业方面发挥着重要作用。然而，随着兵团工业化、城镇化和农业现代化的发展，三次产业结构不断优化，第一产业在 GDP 中的占比由 2010 年的 36.2% 下降为 2019 年的 22.05%，棉花产业总产值占第一产业总产值的比重也由 2010 年的 44.78% 下降为 2019 年的 37.21%，受此影响，估算棉花产业占兵团 GDP 的比重由 2010 年的 16.21% 下降为 2019 年的 8.21%①。棉花产业作为兵团支柱产业

① 因统计年鉴中没有棉花增加值，此数据为课题组根据统计年鉴中的数据估算，具体方法为：用棉花总产值占第一产业总产值的比重乘以第一产业增加值占 GDP 的比重。

的地位有所降低，但兵团棉花种植面积依然呈现增加态势，尤其是近三年棉花种植面积占兵团农作物播种总面积的比重均达 50% 以上（见图 2-3）。因此，从产业规模、比较优势、就业拉动、产业关联度等标准来判断，棉花产业依然是兵团的支柱产业，在国民经济中占有重要的地位。

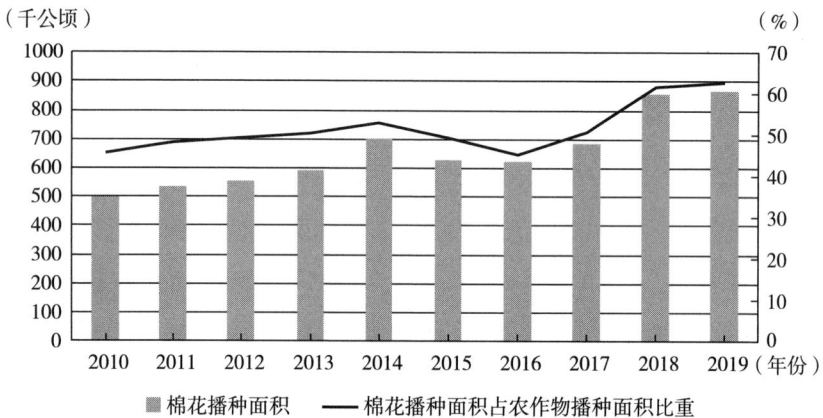

图 2-3　2010~2019 年兵团棉花产业的地位

2.1.4　棉花生产经营的市场经济体制逐步确立

为贯彻落实《中共中央 国务院关于新疆生产建设兵团深化改革的若干意见》（中发〔2017〕3 号）文件要求，兵团党委周密部署、稳步推进团场综合配套改革。土地确权登记颁证、取消"五统一"后，职工生产经营的自主性增加、积极性高涨。政企分开、各就其位，师团"政"的职能转变、连队服务意识提升、加工流通企业市场主体地位增强。棉花市场化经营体制逐步完善、支柱产业地位巩固，成为职工增加收入的主渠道。

一是植棉职工自主性、积极性增加，单产提高、成本下降、收入上升。取消行政主导的"五统一"，"职工想种什么就种什么，想怎么种就怎么种，产品想卖给谁就卖给谁"，破除了长期以来兵团行政主导棉花生产的体制机制障碍，极大地释放了市场活力、解放了生产力，提高了资源配置效率。土地确权颁证使职工真正成为土地的主人，生产经营的积极性被完全激发出来。职工由以前的被动生产经营转变为主动作为，生产管理更加精准，经营过程力图把握"市场行情"。调查数据显示，2019 年兵团籽棉平均亩产为 340 千克/亩，较上年下降 40 千克/亩，减幅约 12%。土地确权颁证后职工"五保三费"自理，职工亩均承担的"五保三费"远低于改革前的土地承包费，再加上取消了"五统一"时的保管费、折旧费等，职工市场化购置农资与服务加剧了企业竞争，农资价格尤其是采收费用大幅下降，植棉成本降低近 200 元/亩。受单产增加和成本下降的双重作用，在大部分棉花目标价格改革补贴未发放的情况下，2018 年兵团棉花平均净利润为 517.68 元/亩（扣除职工自身劳动的机会成本），比上年增加了 83.44 元/亩，增幅达 19.22%。改革后职工组建合作社、参与"订单农业"的热情高涨，新型经营主体逐渐形成。

二是政企分开、各就其位，棉花市场化经营体制逐步完善。改革后师团由"企"转"政"，依法履行行政职责，各师主要负责落实团场综合配套改革、棉花目标价格改革，并对辖区内的棉花加工流通企业进行监管。团场取消企业法人资格，真正开始履行政府职能，不再通过棉花生产经营获取利润，不再直接参与棉花生产销售。连队干部转变为职工民主选举的"头雁"，"两委"密切了党群、干群关系，服务意识显著提高。连队不再负责组织棉花生产、籽棉交售、收入兑现等工作，而是以宣传引导替代行政管理，从管理者转变为服务者。

三是加工流通企业改制重组，市场主体地位增强。团场加工企业、农资公司、棉麻公司等棉花生产经营相关的国有企业转制为公司制企业法人，通过合并重组形成企业集团，"企"的市场主体地位增强，不再依靠行政手段参与棉花生产经营，而是直接面向市场，与民营经济等市场主体一起参与市场竞争。

籽棉收购由以前的行政干预转变为市场行为，与兵团公示的民营加工企业（甚至地方加工企业）开展籽棉竞争性收购。

团场综合配套改革进一步巩固了兵团棉花支柱产业的地位，成为职工增加收入的主渠道。2019 年兵团植棉面积达 1303 多万亩，较上一年增加近 20 万亩。改革后职工对籽棉收购价格更加敏感，而皮棉终端市场优质优价的定价机制传导至棉花加工企业后，棉花加工企业根据市场需求按照籽棉质量确定收购价格，职工据此选择种植优质棉花，而不再单纯追求产量，从而实现了兵团整体棉花质量的提升，从 2019 年公检情况来看，兵团棉花质量基本保持稳定。

2.2 存在的问题

兵团棉花高质量发展的要义在于，通过各生产环节的协同作用，在生产环节实现绿色清洁可持续的前提下，为纺织企业提供较高性价比的皮棉产品。这就要求在生产环节要减少化肥、农药、地膜的使用量，降低植棉成本、提高清洁生产水平，加工销售环节做到按品种、按时间分类加工，按照纺织企业需求供货，通过政府与市场建立生产、加工、流通、消费各环节合理的利益分配格局。然而，当前兵团棉花产业面临成本高、质量低、性价比不高、面源污染严重、支持政策导向性不强、高质量棉花生产的市场协调机制尚未建立等问题。

2.2.1 植棉成本高、补贴面临"转箱"压力

近年来，随着我国要素价格的上升，尤其是劳动力成本的大幅上升，兵团棉花生产的低成本优势不断弱化。自 2010 年以来，受临时收储高价格的影响，兵团棉花种植成本也大幅上升，亩均棉花生产成本由 2011 年的 1625.06 元增

加至 2014 年的 2111.78 元，自目标价格改革以来，增长速度虽有放缓，但 2018 年新疆棉花亩均生产成本依然高达 2000 元以上，表 2-4 给出了兵团部分团场的亩均生产成本。根据美国农业部经济研究中心（USDAERS）棉花成本收益数据，2018 年美国棉花生产成本为 708.83 美元/英亩，折合人民币计价生产成本为 772.72 元/亩，同年美国皮棉单产为 623 磅/英亩（折合 46.55 千克/亩），每吨皮棉的生产成本为 16598.74 元；而同期兵团棉花亩均生产成本为 2008.33 元，棉花亩均产量 158 千克，兵团每吨皮棉的生产成本为 12710.95 元，略低于美国水平。但在美国大量补贴支持下，美棉到岸价低于其生产成本，兵团棉花竞争力相对减弱。

表 2-4 　2014~2018 年兵团植棉团场亩均生产总成本 　　　　　单位：元

年份	1 团	10 团	33 团	44 团	81 团	第六师	125 团	144 团	150 团
2014	2802	2786	2802	2208	1995	2026	2400	1753	1788
2015	2591	2538	2519	2306	1726	1769	2163	1516	1622
2016	2576	2459	2300	2827	1708	1898	1911	1584	1486
2017	2236	2467	2299	2536	1864	2015	2061	1487	1682
2018	1976	2107	2166	2409	1838	1934	1954	1839	1852

资料来源：《新疆维吾尔自治区农牧产品成本收益资料汇编》（2014~2018 年）。

为解决"收储难以为继、棉花品质下降、高库存与大量进口并存"等问题，2014 年，国家决定结束棉花临时收储政策，发挥市场在资源配置中的决定性作用，在新疆启动棉花目标价格补贴试点。经国务院批准，发改委、财政部、农业部发布了 2014 年新疆棉花目标价格，为 19800 元/吨，新疆维吾尔自治区及兵团作为实施主体制订目标价格补贴的具体方案。价格改革的方向就是从单纯地制定最低价和执行棉花临时收储转向逐步地实行目标价格，探索通过政府补贴由市场形成棉花价格的机制，在保障棉花实际种植者利益的前提下，发挥市场在资源配置中的决定性作用，合理引导棉花生产、流通、消费，促进产业上下游协调发展。我国是 WTO 成员国，所实施的农业国内支持政策将受到 WTO 农业规则的约束。根据 WTO《农业协议》规则，我国实施的棉花目标价格补贴与面积、产量挂钩属于"黄箱"补贴，我国"入世"时承诺的特定品种"黄箱"补贴额不得超过该品种当年总产值的 8.5%。由 2014~2019 年新疆棉花目标价格补贴总额测算我国实际补贴额度均超过上限约束，如不采取规避措施极易遭受其他成员国质疑并引发贸易争端。

2.2.2 兵团皮棉质量与美（澳）棉有差距

我国是世界上最大的棉花消费国，棉花年均消费量在 800 万吨左右，而国内产量只有 600 万吨左右，每年要进口 200 万吨左右的皮棉。随着我国经济进入高质量发展阶段，需求端消费升级步伐加快，供给端要素价格不断提高，我国纺织服装业转型升级的压力持续增大，产品结构、产业结构、发展方式向高端调整势在必行，行业对高质量棉花的需求量日益增长，加上近几年不断受到国外低成本纱的冲击，使我国的棉花质量、供给结构与棉纺织企业用棉之间的需求矛盾日益突出。虽然近年来供给侧结构性改革、目标价格改革等举措促进了兵团棉花质量的提升，但与美棉、澳棉相比，兵团棉花存在短绒率高、强度低、异纤多、一致性差、棉结含量高等问题，增加了加工企业的加工成本及纺织企业的用棉成本，相同指标的兵团棉较美棉、澳棉价格低 1000~2000 元/吨，难以满足我国纺织服装业转型升级的需求，导致国内纺织企业宁愿高价抢购美棉、澳棉，也不愿意采购兵团皮棉。

纺织企业用棉时考虑的关键因素是皮棉的性价比，高质量的皮棉生产高品质的纱线，即便皮棉价格高一些，纺织企业依然有利可图。中国棉纺织行业协会定义的高质量皮棉是纤维长度与断裂比强度在"双 28.5"及以上、马克隆值在 3.7~4.6 的皮棉，自 2017 年以来，我国高质量皮棉需求在 300 万吨左右，当年国产高质量皮棉仅有 100 万吨。兵团生产高质量皮棉为 40 万吨左右，占全国高质量棉花总供给的 40%，约占全国高质量棉花总需求量的 1/10。虽然自目标价格改革实施以来，兵团高质量棉花占比不断提升，但占兵团棉花总产量的比重依然偏低，存在较大的提升空间。当前兵团棉花质量提升面临以下困难：一是职工种植自主性增加后，品种管控难度加大；二是长期积累下来的残膜治理还未得到有效解决，残膜混入皮棉问题难以根除；三是种植、采收、加工、销售等环节的协调难度加大，高质量棉花的利益分配机制不完善。

2.2.3　棉花生产过程中的面源污染问题严峻

受"过度追求产量"利益驱动，长期以来新疆与兵团棉田面源污染问题严重。近年来，为追求棉花产量，棉农加大化肥、农药的施用量，新疆农业面源污染排放量呈上升趋势，2014 年排放总量达 13.9 万吨，主要集中在兵团、喀什和阿克苏等地区（周晓琴等，2017）。新疆化肥、农药投入量密度超标地区集中在塔里木河、玛纳斯河、伊犁河流域，其中兵团最为严重（徐丽萍等，2011）。熊文强和王新杰（2010）指出新疆天山北坡经济带的农业清洁生产水平同世界先进水平相比差距较大；并对河流、湖泊造成了一定的污染，大水漫灌不仅浪费水资源，造成肥料流失，而且污染水体，导致土壤次生盐渍化（靳孟贵等，2002）；农药、化肥的大量使用加上不合理的灌溉方式，使农业面源污染以径流方式污染河流、湖泊（弥艳等，2010）。兵团棉花生产的另一主要面源污染是残膜，严昌荣等（2008）指出新疆棉区地膜残留率在 24% 左右，每年有 18 千克/公顷左右的地膜留在土壤中，是全国平均水平的 4~5 倍，已成为中国乃至世界上"白色污染"最严重的区域。

近年来，兵团棉花种植过程中亩均化肥、农药、地膜投入量有所下降，但整体来看依然较高（见图 2-4）。其中，亩均农药投入费用呈"M"形，由 2010 年的 35.61 元持续增长到 2015 年的 95.43 元，增幅达 167.99%，2016 年

较 2015 年下降了 16.31%,自 2016 年起又呈持续增长趋势,到 2018 年达
94.24 元。农膜费及其使用量虽然波动不大,农膜费年均支出 61.79 元,使用
量基本稳定在 5 千克左右,但由于自 2014 年起农膜使用量呈持续增长趋势,
到 2018 年使用量已突破了 6 千克。化肥费与其使用量的变动趋势在 2015 年之
前基本保持一致,2015~2018 年,受化肥物资费用上涨影响,导致使用量与投
入费用变动不一致。除化肥使用量外,同期兵团棉花生产所投入的化肥费、农
药费、农膜费、农膜使用量均高于新疆平均水平,其中,兵团化肥费比新疆平
均水平高 10.15%、兵团农药费比新疆平均水平高 17.44%、兵团农膜费比新疆
平均水平高 23.09%、兵团农膜使用量比新疆平均水平高 16.55%。综上所述,
虽然农药、化肥和地膜的使用促进了兵团棉花的持续高产,但棉田生态的可持
续矛盾日益凸显且比新疆地方严重得多。

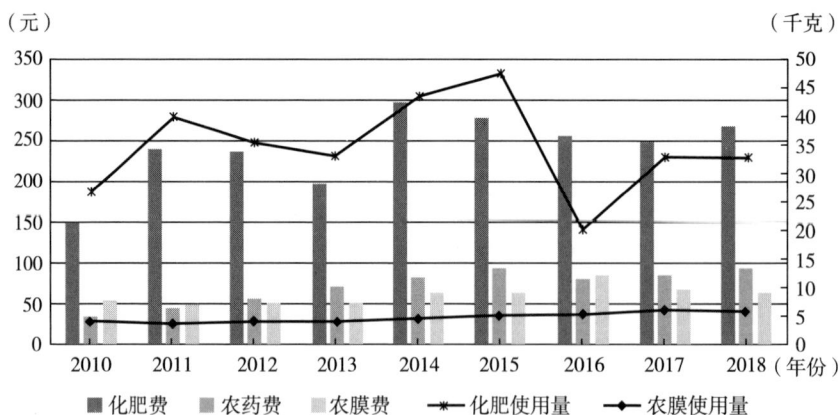

图 2-4 2010~2018 年兵团棉花生产中化肥、农药、地膜投入量

资料来源:《新疆维吾尔自治区农牧产品成本收益资料汇编》(2010~2018 年)。

与其他植棉大国相比,我国土地资源相对稀缺,只能通过增加单位面积产
量、提升棉花质量来提高棉花产业的竞争力。兵团传统的棉花生产耕作方式与

组织模式，造成了严重的耕地肥力下降、水资源污染和地膜污染。学者普遍认为，植棉主体生产行为与面源污染治理紧密相关，马瑛（2016）指出，棉农的受教育程度、棉花种植面积的大小、是否参与合作社直接影响棉农处理废弃物的方式。张志祺等〔2016〕认为，棉农年龄、文化程度、家庭人口数、棉花种植面积、环境关注度、支付意愿和培训认同感等对棉农参与农业面源污染治理影响显著。目前实施的补贴方式主要与产量挂钩，对刺激棉花产量发挥了积极作用，但对棉花质量提升与绿色发展导向作用不强。我国棉花质量结构依然无法满足纺织业转型升级要求，"低端过剩、高端不足"的供给格局仍未解决，现有补贴方式难以激励棉花质量的提升。同时，现有补贴方式也无法解决新疆（兵团）植棉过程中的地膜、化肥、农药等面源污染问题，使新疆成为我国残膜污染最严重的地区。实现经济高质量发展要求有与之相适应的支持政策，但现有补贴方式对棉花产业高质量发展的导向作用不强。

2.2.4　"优质优价"的市场机制与质量追溯体系尚未建立

只有具备公平、公正的市场秩序，市场才能合理、优化配置资源。当前兵团籽棉收购市场在以下方面存在不规范现象：一是籽棉收购加工企业具有一定的垄断性。二是绝大部分加工企业在收购籽棉时"按衣分"定价，这势必导致职工在选择品种时追求高衣分、高产量，难以做到"按质定价"。三是兵团公示的国有企业和民营企业之间，在"扣水、扣杂"方面缺乏一致的标准。四是兵地之间籽棉交售市场分割严重。上述市场不规范现象严重制约着兵团棉花质量的提升，难以发挥市场在资源配置中的决定性作用。

如果市场难以通过"优质优价"发挥质量导向作用，就要通过补贴政策促进棉花质量的提升。为此，发改委、财政部《关于深化棉花目标价格改革的通知》（发改价格〔2017〕516号）中提出，鼓励新疆与兵团开展补贴与质量挂钩的试点工作。在2019年兵团棉花目标价格改革工作实施方案中明确提出"三大坚持",即坚持"价补分离"、坚持"优质优价"、坚持棉花事权属地化管理。其中,在补贴资金的拨付指导中指出兵团预留中央拨付补贴资金总额的10%用于开展包括质量奖励试点在内的工作。在改革实践中,分别选择一些县市团开展补贴与质量挂钩的试点工作,对达到一定标准以上的籽棉增加质量补贴。但受户均植棉规模小、组织化程度低、加工过程难区分、缺乏追溯信息等原因,试点工作在实际操作中面临多种困难。虽然向植棉职工发出了"质优多补"的信号,但实际的质量导向作用仍有待深化增强。

棉花生产过程中完备的信息系统,既可以让市场发挥"优质优价"的信号传递作用,也可以让补贴发挥"质优多补"的导向作用。自2015年以来,兵团逐步建立起了目标价格信息平台,该平台储存了职工的姓名、身份证、种植面积、交售重量、衣分率、含杂率等信息,为顺利开展补贴兑付工作奠定坚实的数据基础。但由于团场职工分散经营,职均面积小、交售规模少,加工企业在籽棉收购过程中虽然也做绒长、强力等指标的检测,但并未将其上传至相应的信息系统之中,实际收购过程中也未按照质量指标定价。因此,有关植棉职工的种植品种、纤维长度、断裂比强度、马克隆值等质量信息现阶段未进行收集,也就无法建立棉花质量的追溯系统;棉花生产的质量信息难以追溯到职工层面,"优质优价"导向作用难以发挥。

2.2.5 团场改革影响棉花生产的组织化程度

"五统一"取消后,职工采收和交售自主性增加,受棉花价格"前高后低"和扣水扣杂"前低后高"影响,职工已形成"早采收、早交售"就是"高收益"的观念,但籽棉大量集中交售与兵团加工企业能力不足、有意延迟收购的矛盾加剧,堆放在田间地头推迟交售又存在较大的安全风险,同时找车难、排队长等也导致职工交售成本增高。而兵团棉花加工企业加工能力未能增加,客观上导致籽棉外流,不利于兵团棉花竞争力的提升。

品种是决定棉花质量的关键因素，按照生态区合理布局品种是生产高质量皮棉的决定性因素。兵团职工数量多、种植规模小，按区域统一品种的难度很大，尤其是随着职工种植自主性的增强，团场与连队只能引导、不能干预职工的品种选择行为，这就难以实现"一主一辅"品种管理。职工选择棉种主要考虑产量和衣分，政府部门难以监督管理，再加上种子销售企业的过度营销，品种多乱杂问题反弹，不利于高质量棉花的生产。调研显示，先行改革的第六师种植品种数量有所增加，各团主栽品种面积占比下降10%以上，第六师芳草湖、新湖职工更愿意选择衣分率高、产量高的新陆早46号、新陆早57号，高质量的新陆早72号面临被淘汰的危险，这势必导致皮棉一致性降低、质量下滑。2019年，兵团棉花纤维长度、比强、马值等指标均略有下降，但整体质量水平依然较高。2020年受不利气候条件、市场价格波动和严重的产能过剩等多种因素影响，兵团棉花质量下滑严重。截至2020年8月31日，兵团棉花公检总量772.84万包，其中，白棉1~3级比率为87.1%，比上年同期低7.7个百分点；马克隆值"A+B"级比率为92.13%，比上年同期低3.99个百分点；平均长度为29.22毫米，比上年同期短0.15毫米；平均断裂比强度为28.75牛/特克斯，比上年同期低0.05牛/特克斯。

2.3 发展机遇

棉花产业作为兵团的支柱产业、示范产业和民生产业，是兵团服务总目标、发挥特殊作用的重要依托。虽然兵团棉花产业发展存在上述问题，尤其自2020年以来，国际局势的变化对兵团棉花产业和纺织服装业发展造成重大影响，但危机中也孕育着重要的发展机遇。国内国际双循环、乡村振兴战略、农业供给侧结构性改革、兵团全面深化改革等为兵团棉花产业高质量发展带来了良好机遇。

2.3.1 经济高质量发展带来的机遇

党的十九大提出我国经济已由高速增长阶段转向高质量发展阶段，经济发展正在进行质量变革、效率变革、动力变革。纺织服装产品消费升级成为驱动棉花产业的最重要的动能，棉花产业质量变革的需求加大，棉花产品必须与国际先进水平对标，促进产品质量提升，向价值链高端迈进。按照效率变革的要求，不仅是理念、制度转向绿色发展，充分发挥市场在资源配置中的决定性作用，也会带来实时的市场的需要和更加绿色的产品与服务等，不断提高绿色全要素生产率。以信息技术为代表的新一轮技术革命，大数据、物联网、5G网络、云计算、人工智能、区块链等信息技术不断迸发，为棉花产业产品追溯、精准农业、智慧棉业发展带来了机遇。必须把创新作为引领发展的第一动力，通过创新驱动提高全要素生产率，赋能兵团棉花产业实现高质量发展。

2.3.2 实施乡村振兴战略的机遇

2019年我国大力实施乡村振兴战略，强调扎实推进产业振兴。推动第一产业保存量、扩增量、提质量、增效益、创品牌，吸引、培育一批农业产业化龙头企业，带动产业发展，延伸产业链，提升市场竞争力。促进一二三产业融合发展，切实发挥农垦在质量兴农中的带动引领作用，为兵团棉花产业发展带来机遇。在乡村振兴战略带动下，资本下乡呈主体增加、领域拓宽、方式多样等新态势；居民消费结构升级、农产品需求提档、新理念新技术向农业农村融合渗透、国家积极政策扶持等，使农村新产业、新业态成为社会资金"投资热土"，为兵团棉花产业高质量发展提供了资金保障与市场支撑。

2.3.3 农业供给侧结构性改革的机遇

新形势下，农业主要矛盾已经由总量不足转变为结构性矛盾，主要表现为阶段性的供过于求和供给不足并存。要着力加强农业供给侧结构性改革，提高农业供给体系质量和效率，使农产品供给数量充足、品种和质量契合消费者需要，真正形成结构合理、保障有力的农产品有效供给。推进农业供给侧结构性改革，提高农业综合效益和竞争力，是当前和今后一个时期我国农业政策改革和完善的主要方向。

2.3.4 兵团全面深化改革的机遇

兵团全面深化团场综合配套改革，科学处理好屯垦和戍边、特殊管理体制和市场机制、兵团和地方三个重要关系，重点实施土地确权颁证、连队"两委"选举、取消"五统一"等改革举措，制度优势转化为治理效能不断提速，改革红利持续释放，团场综合配套改革将进一步强化市场在资源配置中的决定性作用，必将打破棉花经济领域的行政壁垒与分割，形成统一开放的棉花市场运行机制。2017年中央三号文件第22条中指出要支持兵团在棉花产业链中组建一批产业集团，以现代企业形式带动兵团棉花产业发展。为兵团棉花产业高质量发展提供了制度基础与发展机遇。

2.3.5 参与"核心区"建设的机遇

"一带一路"倡议构想有着极其深远的意义，蕴藏了无限的机遇。兵团地处亚欧大陆腹地，是"丝绸之路经济带核心区"和"中巴经济走廊"建设的重要参与者，棉花产业在兵团农业"走出去"和"国际贸易"中具有广阔前景。国内国际双循环新发展格局构建为师市农业高质量发展指明了方向。在"逆全球化"思潮不断抬头、贸易保护主义愈演愈烈，加之新冠肺炎疫情全球大流行对世界经济造成冲击的形势下，中央提出构建以国内大循环为主体、国内国际双循环相互促进的新发展格局。国内超大规模市场优势和内需潜力为兵团棉花全产业链和价值链转型升级、现代棉业发展新动能培育等创造了积极条件。

3 兵团棉花产业高质量发展的转型阶段评估

根据学者对经济高质量发展概念内涵与测度评价的研究，我们认为棉花产业高质量发展涵盖投入要素的高效配置、产品质量的高端供给、生产过程的绿色清洁等方面的内容。因此，本章以高质量发展理论为基础，构建兵团棉花产业高质量发展的转型评估框架。以棉花全要素生产效率、产品质量、清洁生产、发展包容性与协调性四个方面的内容为主，分别从时间与空间维度对兵团棉花产业高质量发展的转型阶段进行测度评价，为下文提出相应的实现途径奠定研究基础。

3.1 评估框架的构建

高质量发展遵循创新、协调、绿色、开放、共享新发展理念，只有推动质量变革、效率变革、动力变革，通过创新驱动提高全要素生产率，优化产品供给结构、提高产品质量，才能够更好地满足人民日益增长的美好生活需要。本节在参考已有文献关于高质量发展的内涵研究、借鉴国内高质量发展评价体系的基础上，提出棉花产业高质量发展的评估框架。

3.1.1 高质量发展的理论分析

已有文献表明高质量发展是新发展理念的具体体现（李梦欣和任保平，2019；华坚和胡金昕，2019；李金昌等，2019），概括来讲主要包括以下几个方面：一是转变"传统规模数量扩张型"发展方式，从单一要素生产率向综合要素生产率转变，更加注重通过创新驱动全要素生产率（TFP）的持续提高；二是由过去的需求管理转向供给管理，强调产品供给的高端化和高附加值，通过供给侧结构性改革，提高产品质量、优化供给结构，满足全产业链转型升级要求；三是由"增长结果导向型"向"发展过程可持续型"转变，更加关注生产过程中的低排放、低污染，利用生态环境友好型技术创新和产业规制政策保障生产环节绿色清洁；四是由单纯追求经济利益转向寻求社会和经济协调发展，倡导发展面前人人机会平等，发展成果公平合理地在社会成员之间分享。高质量发展的理论体系如表3-1所示。

表 3-1　高质量发展理论体系

目标	主要方面	具体内容
高质量发展	全要素生产率	更加注重通过创新驱动全要素生产率（TFP）的持续提高（蔡昉，2018；杨伟民，2017；金碚，2018；刘迎秋，2018）
	产品质量	通过供给侧结构性改革，提高产品质量、优化供给结构满足全产业链转型升级（张震和刘雪梦，2019）
	清洁生产	更加关注生产过程中的低排放、低污染，实现生态环境友好型、绿色清洁型生产（张军扩，2018；廖群，2018）
	包容性与协调性	倡导发展面前人人机会平等，发展成果公平合理地在社会成员之间分享（颜波等，2019）

高质量发展的核心是通过技术创新与管理创新提高全要素生产率，全要素生产率是在各种要素投入水平一定的情况下，通过提高投入要素的使用效率所达到的额外生产效率（蔡昉，2018），它反映的是生产过程中无法被定量衡量的那些因素的贡献。提高全要素生产率的关键是坚持以创新驱动和改革开放，创新驱动就是要去推动从过分依赖要素投入数量向积极寻求要素投入质量的转变，是要运用制度、组织等要素实现最大化的溢出效应，这与全要素生产率的含义是相契合的，因此全要素生产率常作为创新驱动的测度指标（罗亚非等，2010；王敏琴等，2017；崔俊富等，2018）。随着我国高质量发展实践的不断深入，学者对高质量发展内涵的认识也持续完善，理论界的一致共识是：高质量发展的内涵与本质要求就是创新驱动的全要素生产率的提高。

新时代我国社会主要矛盾已经转化为人民日益增长的美好生活需要和不平衡不充分的发展之间的矛盾。其中，人民日益增长的美好生活需要从经济学角度来看，主要是指对高质量产品与服务的需求，因此，为适应新时代社会主要矛盾的转化，高质量发展应提供更新、更好的商品和服务，来满足人民群众多样化、个性化、不断升级的需求（吴利学和贾中正，2019）。企业必须坚持"产业链中高端，产品中高档"的定位，加大技术改造、质量改进、产品升级等方面的资金投入，提高产品技术能力，促进产品质量提升，把产品设计、工艺和质量做到精细化、人性化和极致化，以更好地满足高端消费需求。可见，从理论上讲，产品质量提升是衡量高质量发展阶段的重要维度。

绿色发展是实现生态环境保护和经济增长的有机统一，优良的生态环境就是民生，提供更多优质生态产品满足人民日益增长的优美生态环境需要是高质量发展的出发点和落脚点。习近平总书记提出的"双山论"写入党的十九大报告，为这种新发展观、绿色思潮提供了意志基石和价值取向。绿色发展强调以绿色增长模式为基础，以技术与创新为手段，从减少能源与物质消耗、降低污染物排放等方面出发，实现经济增长与资源高消耗、污染高排放相脱钩（胡鞍钢等，2014）。学者将环境污染与能源消耗等因素纳入传统的经济增长模型，基于绿色发展与清洁生产视角分析全要素生产率提升问题（李卫兵和涂蕾，2017）。绿色发展，就其产业体系而言，实质就是要实现经济生态化和生态经济化。

共享、协调是高质量发展的内在要求，即倡导让发展所带来的成果惠及更多群体，也就是经济学理论指出的发展的包容性与共享性。列宁指出，由于社会主义生产不仅满足社会成员的需要，而且保证社会全体成员的充分福利和自由的全面发展，因此，发展应当是一种包容性发展。包容性发展是指要让全体社会成员都能公平合理地共享发展的权利、机会和成果的一种发展，它是在日趋严重的发展之排斥性、对抗性问题的现实压力下应时而生的，共享性、公平性等是包容性发展的重要特征（邱耕田和张荣洁，2011）。在新一轮科技革命的背景下，更加要求创新具有包容性。根据经合组织（OECD）的观点，包容性创新是利用科学、技术和创新诀窍解决低收入群体的需求，即让更多人参与到创新活动中来，使创新成果扩散到所有人群，使所有人都从创新活动中受益。

3.1.2 兵团棉花产业高质量发展评估框架

基于以上理论分析，结合棉花产业的实际情况，本节构建棉花产业高质量发展的评估框架如图 3-1 所示。主要包括以下四个方面的内容：

第一，棉花产业高质量发展必须是以创新驱动的高效率发展，从投入产出的角度来看，就是经济效益要不断增加，全要素生产率要不断提高。作为劳动密集型农作物，长期以来，兵团棉花产业主要依靠劳动力、土地、化肥、农药等要素规模扩张驱动产业发展，然而随着人口红利的逐步消失，劳动力低成本优势逐渐消失，必须通过选择优质棉花品种、推动棉花生产全程机械化等技术创新,培育新型棉花经营主体、创新棉花生产组织形式等制度创新,提高棉花全要素生产率,促进棉花生产经营的效率变革。创新驱动棉花全要素生产率持续提高,即通过技术创新、管理创新、组织创新有效提升资源配置效率。本篇以棉花产量、产值作为产出指标,以土地、劳动、机械和物质费用作为投入指标,基于DEA-Malmquist方法测算棉花全要素生产率。

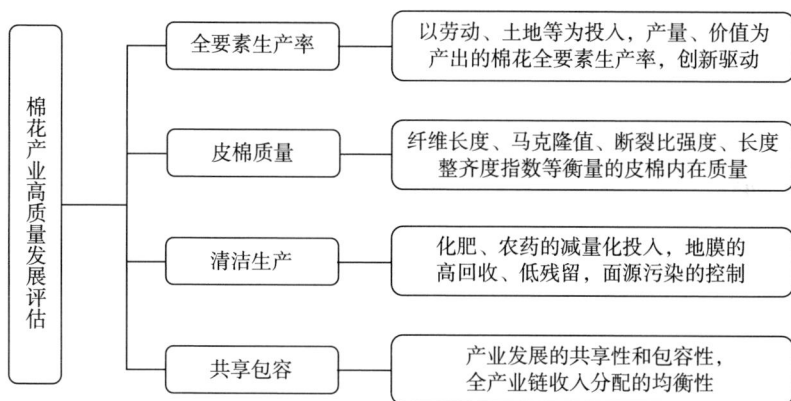

图 3-1 兵团棉花产业高质量发展评估框架

第二,高质量发展的关键是质量变革,皮棉质量提升是满足我国纺织服装产业转型升级的必然要求。长期以来,我国皮棉质量与美棉、澳棉差距明显,同等质量的皮棉价格比美棉、澳棉低1000元/吨左右。棉花产业高质量发展意味着棉花产品必须朝高质量、高附加值方向发展,即在皮棉产量基本满足国内需求的基础上,大幅度提高棉花质量满足消费转型升级的要求。具体表现为皮棉的纤维长度、马克隆值、断裂比强度、长度整齐度指数、颜色级、轧工质量6项质量指标,以及棉结、短绒率、一致性等未公检指标必须大幅提升,以适应社会用棉需求和需求结构的变化,形成以"中高端品质"为主的棉花生产格局,满足人民高质量消费的质量要求。

第三，棉花产业高质量发展必须是资源节约、生态友好的绿色发展，是低能耗、低污染、低排放的生态可持续发展。传统发展模式产生的生态环境问题日益严峻，高质量发展必须通过减量化施用化肥、农药、地膜等投入，切实解决面源污染，实现棉花种植的清洁生产。坚持绿色发展、清洁生产，就要使绿色成为棉花产业的普遍形态，重点解决当前棉花生产中面源污染问题，包括农膜残留、过量使用化肥农药、不合理灌溉等（金书秦等，2011；马瑛，2016）。本篇以亩均化肥、农药的施用量，农膜的亩均用量和残膜回收水平衡量棉花清洁生产程度。

第四，棉花产业高质量发展必须是共享与包容的发展方式，主要包括棉花种植者收入分配差距不大，产业链中下游各环节协调高效、利益分配合理，尤其是植棉者收入要与经济社会发展增速持平。以往棉花产业发展存在的"棉贱伤农、棉贵伤纺"问题，即国内棉花价格过低，损害棉花种植者的利益，挫伤植棉积极性，反之，国内棉花价格过高，则会损害纺织服装业及消费者的利益（高芳，2013），在高质量发展阶段必须得到合理解决。统筹兼顾、综合平衡棉花种植者、轧花企业、棉纺企业等各方的利益，推进棉花全产业链包容发展，使棉花产业发展成果惠及产业链各个主体，共享产业发展成果是棉花产业高质量发展的终极目标。

3.2 全要素生产率评价

新时代兵团棉花产业转向高质量发展，必然要求实现高质量的投入产出，提高资本、劳动、资源、环境的使用效率。本节利用数据包络法测算出兵团各主要植棉师棉花全要素生产率、技术效率、技术进步等指标，分析兵团各师棉花生产效率的整体情况及变化趋势。结合与兵团相邻地方自治州、内地主要植棉省的棉花全要素生产率及其变化趋势进行对比，分析兵团棉花生产效率的相对优势。

3.2.1 测算方法

对于棉花生产效率的测算即是指棉花全要素生产率的测算，常见的全要素生产率测算方法有索洛余值法、索洛扩展模型、SFA 模型、DEA 分析等。其中，采用索洛余值法可以测算出生产中要素投入所不能解释的部分，但它通常建立在规模报酬不变的假设之上；索洛扩展模型可以解决投入要素度量不准确以及生产函数中必需的变量没有考虑完全的问题，但新变量通常难以准确度量；SFA 模型在一定程度上可以消除随机因素对前沿生产函数部分的影响，但常常因为函数中的参数太多，使函数中的一些二次项无法给出合理的经济学解释。考虑到棉花生产过程中自然气候条件等不可控因素的影响，以及土地、资本、劳动等投入要素数据可获得性，因此，本节采用 DEA 分析方法，该方法不需要考虑投入和产出的生产函数形态，可以研究多投入和多产出的全要素问题，同时模型中投入产出变量的权重不受人为主观因素的影响。

数据包络分析法也叫 DEA－Malmquist 指数法，是从投入或产出的角度出发，利用 DEA 方法定义距离函数，在距离函数的基础上构造 Malmquist 指数用来度量生产效率。作为一种确定性前沿生产函数法，Malmquist 指数法可以对生产率的变动情况、技术效率和技术进步对生产率变动所起的作用进行分析。Fare R. 等（1989）最早采用 DEA 的方法计算全要素生产率，并将采用 CRS（规模报酬不变）径向 DEA 模型得出的 Malmquist 指数分解为技术效率变化（EC）和技术变化（TC）。Fare R. 等 1994 年在提出的分解法的基础上，又通过 VRS（规模报酬可变）Malmquist 和 CRS（规模报酬不变）Malmquist 得出的不同效率变化值，将技术效率变化进一步分解为纯技术效率变化（PEC）和规模效率变化（SEC）。

根据 Fare R. 等（1989）提出的 DEA-Malmquist 指数方法，从 t 期到 t+1 期 Malmquist 分解如下所示：

$$M_0(x_k^{t+1},\ y_k^{t+1},\ x_k^t,\ y_k^t) = \sqrt{\frac{E^t(x_k^{t+1},\ y_k^{t+1})}{E^t(x_k^t,\ y_k^t)}\frac{E^{t+1}(x_k^{t+1},\ y_k^{t+1})}{E^{t+1}(x_k^t,\ y_k^t)}}$$

$$= \frac{E^{t+1}(x_k^{t+1},\ y_k^{t+1})}{E^t(x_k^t,\ y_k^t)}\sqrt{\frac{E^t(x_k^t,\ y_k^t)}{E^{t+1}(x_k^t,\ y_k^t)}\frac{E^t(x_k^{t+1},\ y_k^{t+1})}{E^{t+1}(x_k^{t+1},\ y_k^{t+1})}}$$

$$(3-1)$$

$$EC = \frac{E^{t+1}(x_k^{t+1},\ y_k^{t+1})}{E^t(x_k^t,\ y_k^t)} \tag{3-2}$$

$$TC = \sqrt{\frac{E^t(x_k^t,\ y_k^t)}{E^{t+1}(x_k^t,\ y_k^t)}\frac{E^t(x_k^{t+1},\ y_k^{t+1})}{E^{t+1}(x_k^{t+1},\ y_k^{t+1})}} \tag{3-3}$$

其中，EC 表示 k 在两时期的技术效率变化，TC 表示两时期的技术变化。Malmquist 指数的含义为：大于 1 表示生产率提高，小于 1 表示生产率降低，等于 1 表示生产率不变；技术效率变化（EC）和生产技术变化（TC）的含义同理。

再根据 1994 年 Fare R. 等的研究可知，式（3-1）可进一步分解为：

$$M(x_i^{t+1},\ y_i^{t+1},\ x_i^t,\ y_i^t) = \frac{E^t(x_i^t,\ y_i^t)}{E^{t+1}(x_i^{t+1},\ y_i^{t+1})}\frac{E^{t+1}(x_i^{t+1},\ y_i^{t+1}/VRS)}{E^{t+1}(x_i^t,\ y_i^t/VRS)}$$

$$\sqrt{\frac{E^t(x_i^t,\ y_i^t)}{E^{t+1}(x_i^t,\ y_i^t)}\frac{E^t(x_i^{t+1},\ y_i^{t+1})}{E^{t+1}(x_i^{t+1},\ y_i^{t+1})}} \tag{3-4}$$

$$SEC = \frac{E^t(x_k^t,\ y_k^t)}{E^{t+1}(x_k^{t+1},\ y_k^{t+1})} \tag{3-5}$$

$$PEC = \frac{E^t(x_k^t,\ y_k^t)}{E^{t+1}(x_k^{t+1},\ y_k^{t+1})} \tag{3-6}$$

3.2.2 数据来源

利用 2014~2018 年《新疆维吾尔自治区农牧产品成本收益资料汇编》、2015~2019 年《新疆生产建设兵团统计年鉴》《新疆统计年鉴》以及《新疆维吾尔自治区 2018 年国民经济和社会发展统计公报》数据，在棉花全要素生产率测算中使用的产出指标为棉花产量（吨）、总产值（万元），投入指标分别以总用工数量（周）和总人工成本（万元）表示劳动投入、以植棉面积（亩）和土地成本（万元）表示土地投入、以物质服务费（万元）表示资本投入。

3.2.3 全要素生产率增长率测算与分解

基于投入导向的 Malmquist 指数法对 2014~2018 年兵团棉花进行全要素生产率的测算，采用 Max DEA 软件进行 DEA-Malmquist 指数测算，考虑到数据的完备性特征，以相邻模型输出结果，得到 2015~2018 年兵团各师的棉花全要素生产率均值及其效率分解，如表 3-2 所示。

表 3-2 2015~2018 年兵团各师的棉花全要素生产率均值及其效率分解

植棉区	TFP	EC	PEC	SEC	TC
第一师	1.026	1.000	1.000	1.000	1.026
第二师	1.008	1.000	1.000	1.000	1.008
第三师	1.041	0.999	1.000	0.999	1.042
第五师	1.040	1.000	1.000	1.000	1.040
第六师	1.060	1.000	1.000	1.000	1.060
第七师	1.037	1.019	1.018	1.001	1.018
第八师	1.011	1.000	1.000	1.000	1.011

由表 3-2 可知，兵团各主要植棉师的棉花全要素生产率呈技术拉动型上升

趋势。其中，技术进步的平均增幅约是技术效率平均增幅的 10 倍。从全要素生产率角度来看，各师均呈增长趋势，平均增长率达 3.2%。其中，第六师的增长率最高，达 6%；第二师增长率最低，为 0.8%；第三师和第五师的增长率水平相当，均为 4% 左右。从全要素生产率分解来看，在技术效率方面，由于规模效率和纯技术进步基本保持不变，因而技术效率的波动也基本保持稳定。其中，仅第七师增长了 1.9%、第三师下降了 0.1%，其余各师均保持不变。在技术进步方面，各师均呈增长趋势，且平均增长率为 2.9%。其中，第六师增幅最大，达 6%；第二师增幅最小，为 0.8%；第三师和第五师的增幅相当，分别为 4.2% 和 4%；第七师和第八师的增幅相当，均不足 2%。

进一步地，为更全面地认识兵团棉花全要素生产率情况，对与兵团各师相邻的地方（自治州）和内地三大主要植棉省份以相同的方法测算出各自的棉花全要素生产率，并与兵团作对比，如表 3-3 所示。

表 3-3　兵团、地方（自治州）及内地主要植棉省份棉花全要素生产率

植棉区 ＼ 年份	2015	2016	2017	2018
第一师	0.883	1.248	0.998	1.006
阿克苏	0.865	1.236	0.970	0.957
第二师	0.971	1.089	1.005	0.972
巴州	0.978	1.277	0.975	0.867
第三师	0.965	1.273	1.061	0.901
喀什	0.865	1.213	0.987	0.874
第五师	0.967	1.244	1.029	0.944
博州	0.942	1.111	1.021	0.895
第六师	0.934	1.169	1.057	1.093
昌吉州	0.921	1.118	1.022	0.936
第七师	1.058	1.063	1.120	0.919

植棉区 \ 年份	2015	2016	2017	2018
塔城	0.895	1.041	1.079	0.914
第八师	1.183	1.073	1.03	0.799
河北	0.905	1.136	0.936	1.078
湖北	0.772	0.885	1.002	1.042
山东	0.826	1.233	0.976	0.943

由表3-3可知,兵团各师棉花全要素生产率排名波动较大。在与相邻地方(自治州)的对比中发现,兵团师的棉花全要素生产率整体高于与其相邻的地方(自治州)。其中,2015~2018年,第一师、第三师、第五师、第六师、第七师的水平均高于各自相邻的地方(自治州);第二师在2015年和2016年低于巴州,在2017年和2018年高于巴州。

在与内地三省份的对比中,兵团的绝对优势有所下降。其中,2015年河北介于兵团排名最后两师之间,山东和湖北排在兵团师最后一名之后。2016年山东介于兵团师第三名和第四名之间,河北介于兵团师第四名和第五名之间,位于兵团中游水平;湖北排在兵团师最后一名之后。2017年仅湖北介于兵团师排名最后一名之前,山东和河北均排在兵团师最后一名之后。2018年河北与湖北介于兵团师第一名与第二名之间,山东介于兵团师第五师和第七师之间,位于兵团中游水平。

3.2.4 全要素生产率收敛性分析

由前文分析可知,兵团不同师的棉花全要素生产率差别较大。这些差异会否随着时间的推移而缩小、出现收敛趋势?兵团各师与其相邻地方(自治州)之间的差异会否随着时间的推移而缩小、出现收敛趋势?新疆(兵团和地方)

和内地主要植棉省份之间的差异会否随着时间的推移而缩小、出现收敛趋势？为了探索上述差异的演变规律，本部分采用 δ¯收敛对兵团、兵团与地方（自治州）、新疆与内地主要植棉省份的棉花全要素生产率进行收敛性检验。δ¯收敛可估计各师棉花全要素生产率的静态差距，若各区域维度的棉花全要素生产率随着时间的推移而减小，则认为存在 δ¯收敛现象。棉花全要素生产率的变异系数 CV：

$$CV = \sqrt{\frac{\sum (x_i - \bar{x})^2}{n}} \Big/ \bar{x} \qquad (3-7)$$

其中，x_i 表示 i 师（地方（自治州）／省份）的棉花 TFP 值，$\bar{x}$ 表示各师（地方（自治州）／省份）棉花 TFP 值的均值。CV 值越大，棉花全要素生产率差距越大，若 CV 值下降，就表明棉花全要素生产率存在 δ¯收敛。

将 2015~2018 年兵团、兵团与地方（自治州）、新疆与内地主要植棉省份的棉花全要素生产率代入式（3-7）中得到各期 CV 值（见表3-4）。由表3-4可知，2015~2017 年三大区域维度的棉花全要素生产率的 CV 值均保持缩小的趋势，即这三大区域间的差距在缩小；2018 年的 CV 值较上一年均增加了 1 倍左右，这表明 2018 年这三大区域内的差距较上一年骤增。总体来看，2015~2018 年的变异系数有缩小的趋势，表明兵团、兵团与地方（自治州）、新疆与内地主要植棉省份的棉花生产具有 δ¯收敛特征。

表3-4　棉花全要素生产率变异系数

植棉区 ＼ 年份	2015	2016	2017	2018
兵团	0.099	0.078	0.040	0.097
兵团与地方（自治州）	0.091	0.074	0.042	0.077
新疆与内地主要植棉省份	0.102	0.093	0.046	0.083

3.3　产品质量评价

新时代兵团棉花产业转向高质量发展，必然要求实现高质量的供需关系，主要体现在提高棉花供给质量，不断适应需求端消费升级趋势，以消费升级带动供给体系升级，提升供给端产品的质量。因此，本节利用层次分析法构建评价棉花产品质量的层次结构模型，通过专家打分得到评价模型的判断矩阵，进而测算出兵团各主要植棉师棉花产品质量，分析兵团各师棉花质量的整体情况及变化趋势。结合与兵团相邻地方（自治州）、内地主要植棉省份的棉花产品质量水平及其变化趋势进行对比，分析兵团棉花质量的比较优势。

3.3.1　评价方法与数据来源

AHP 模型是美国运筹学家萨蒂（T. L. Saaty）教授于 20 世纪 70 年代提出的层次分析法（Analytic Hierarchy Process，AHP），该方法根据对一定客观现实的主观判断结构把专家意见和分析者的客观判断结果直接而有效地结合起来，将同一层次元素两两比较的重要性进行定量描述，从而将复杂问题中的各种因素划分为具有条理化、相互联系的有序层次。然后再利用数学方法计算出反映每一层次元素的相对重要性次序的权值，通过所有层次之间的总排序得出所有元素的相对权重并进行排序。因此，该方法广泛运用于多目标、多准则、多要素、多层次的非结构化的复杂决策问题，其操作步骤如下：

3.3.1.1　构建层次分析结构模型

基于系统论的视角，将评价对象看作一个系统，并明确评价对象的目标及所考虑的因素。然后按照相互间的所属关系构建递阶层次结构，从高到低依次分为目标层（最高层）、准则层（中间层）和方案层（最底层）。其中，模型的层次数根据实际需求，按照一定的逻辑设定而没有层数限制。一般情况下，为了方便判断，每层元素中的因子不超过 9 个。

3.3.1.2 构造判断矩阵

在同一层次中，对各因素的重要级别进行两两比较，并引入德尔菲 1~9 标度法来构造判断矩阵。假定对于任意上层元素 Q，其下层因子分别为 A = $(a_1, a_2, \cdots, a_k)$（记 i、j=1, 2, ⋯, k），则判断矩阵为：

$$M = \begin{pmatrix} a_1/a_1 & a_1/a_2 & \cdots & a_1/a_k \\ a_2/a_1 & a_2/a_2 & \cdots & a_2/a_k \\ \vdots & \vdots & \vdots & \vdots \\ a_k/a_1 & a_k/a_2 & \cdots & a_k/a_k \end{pmatrix} \tag{3-8}$$

其中，判断矩阵中因子的赋值标准如表 3-5 所示。

表 3-5　判断矩阵中因子的赋值标准

标度	含义	标度	含义
1	a_i 与 a_j 同等重要	6	a_i 比 a_j 介于明显与十分明显重要之间
2	a_i 比 a_j 介于同等与略微重要之间	7	a_i 比 a_j 十分明显重要
3	a_i 比 a_j 略微重要	8	a_i 比 a_j 介于十分明显与绝对重要之间
4	a_i 比 a_j 介于略微与明显重要之间	9	a_i 比 a_j 绝对重要
5	a_i 比 a_j 明显重要		

3.3.1.3 层次单排序及其一致性检验

层次单排序是指对于判断矩阵 M 而言，与其对应的最大特征值 λ_{max} 的特征向量为 P = $(p_1, p_2, \cdots, p_k)^T$，然后将 P 右乘 M 即可得到在上层某因素下，本层各指标相对重要性的排序权值。值得注意的是，λ_{max} 不仅是 M 的特征值，也是 M 的唯一非零解和最大特征值。

·52·

一致性是指在同一层次中对于重要程度的排序，若 X 比 Y 重要，同时 Y 比 Z 重要，则 X 一定比 Z 重要。对判断矩阵一致性的检验通常采用一致性比率 CR 来进行评判：当 CR<0.1 时，表示 M 通过了一致性检验；否则，则需要对各因素重新进行两两比较。

$$CR = \frac{CI}{RI} \tag{3-9}$$

$$CI = \frac{\lambda_{max} - k}{k - 1} \tag{3-10}$$

其中，CI 表示一致性指标，k 表示判断矩阵 M 的阶数；RI 表示随机一致性指标，是随机判断矩阵特征值（多次重复计算）的算术平均值，1~8 维矩阵的平均随机一致性指标 RI 如表 3-6 所示。

表 3-6　k 阶矩阵对应的随机一致性指标平均值

阶数	1	2	3	4	5	6	7	8
RI	0	0	0.58	0.89	1.12	1.26	1.36	1.41

3.3.1.4　层次总排序及其一致性检验

通过以上操作可得到一组元素对其上一层中某元素的权重向量，因此，要得到最低方案层各因子对于评价目标的排序权值，只需由高层到低层逐级将单准则下的权重进行合成即可。最后对层次总排序需进行由高层到低层的逐层一致性检验。这是因为虽然各层次在单排序中已通过了一致性检验，且判断矩阵都已有较为满意的一致性，但当综合考察时，各层次的非一致性仍有可能积累起来导致最终分析结果出现较严重的非一致性。

3.3.2　测算结果与评价

本节利用 Yaahp 软件，基于科学性、整体性和可操作性原则，根据实际需求，建立以棉花质量为决策目标，以平均长度、平均比强、马克隆值（A+B占比）、平均长整、扎工（P_1+P_2 占比）、颜色（白棉 3 级以上）为备选方案的层次结构模型。采用专家匿名评分法，让包括从事棉花产业研究的政府工作人员、研究员、教师及企业职工等 7 人，以德尔菲标度法对各指标的重要程度进行评判及打分，得到判断矩阵 M：

$$M = \begin{pmatrix} 1 & 3 & 4 & 5 & 7 & 9 \\ 1/3 & 1 & 3 & 4 & 6 & 7 \\ 1/4 & 1/3 & 1 & 3 & 5 & 6 \\ 1/5 & 1/4 & 1/3 & 1 & 5 & 6 \\ 1/7 & 1/6 & 1/5 & 1/5 & 1 & 2 \\ 1/9 & 1/7 & 1/6 & 1/6 & 1/2 & 1 \end{pmatrix} \qquad (3-11)$$

棉花产品质量＝平均长度×平均长度的权重+平均比强×平均比强的权重+马克隆值×马克隆值的权重+平均长整×平均长整的权重+扎工×扎工的权重+颜色×颜色的权重   (3-12)

由 CI＝0.0803<0.1 可知，判断矩阵通过了一致性检验。进一步地，计算出方案层各因子对于决策目标重要程度的权重值分别为 0.4301、0.2551、0.1518、0.0992、0.0376、0.0263。将各指标权重代入式（3-12）可得兵团棉花产品质量水平，如表 3-7 所示。

表 3-7 兵团棉花产品质量评价

年份 植棉区	2015	2016	2017	2018
第一师	0.412	0.478	0.669	0.723
第二师	0.442	0.734	0.803	0.707
第三师	0.373	0.431	0.387	0.625
第五师	0.399	0.811	0.725	0.797

植棉区＼年份	2015	2016	2017	2018
第六师	0.608	0.707	0.972	0.854
第七师	0.590	0.873	0.773	0.894
第八师	0.597	0.785	0.783	0.800

按年份来看，兵团各师棉花产品质量排名较不稳定。兵团七个师的棉花产品质量整体呈上升趋势，由 2015 年的 0.479 增长到 2018 年的 0.766，增长了近 60%。同时，兵团各师的质量差别也较大，2016 年和 2017 年的标准差达 15% 以上，2015 年和 2018 年相对最低，但仍达 10% 左右。按地区来看，第一师排名基本保持在倒数第二、第三名；第二师呈倒"U"形，最高水平排名第二、最低排名倒数第二；第三师水平最低，历年均排最后一名；第七师、第五师呈"N"形，且第七师水平始终高于第五师；第六师呈倒"U"形，2015 年与 2017 年均排名第一；第八师排名也较稳定，除 2015 年排名第二外，其余年份均排名第三。整体来看，第六师、第七师、第八师的水平较高，棉花质量在兵团居上游；第二师和第五师的水平相当，棉花质量在兵团居中游；第一师和第三师的水平相对较低，棉花质量在兵团居下游。

进一步地，为更全面地认识兵团棉花产品质量情况，本篇对与兵团各师相邻的地方（自治州）和内地三大主要植棉省份以相同的方法测算出各自的棉花产品质量，并与兵团作对比，如表 3-8 所示。

表 3-8 兵团、地方（自治州）及内地主要植棉省份棉花产品质量评价

植棉区＼年份	2015	2016	2017	2018
第一师	0.394	0.464	0.647	0.687
阿克苏	0.466	0.574	0.556	0.600

植棉区 \ 年份	2015	2016	2017	2018
第二师	0.419	0.714	0.778	0.678
巴州	0.421	0.651	0.622	0.629
第三师	0.359	0.424	0.384	0.598
喀什	0.541	0.461	0.437	0.514
第五师	0.371	0.770	0.679	0.759
博州	0.483	0.674	0.589	0.675
第六师	0.573	0.670	0.911	0.802
昌吉州	0.542	0.723	0.816	0.713
第七师	0.545	0.822	0.723	0.843
塔城	0.681	0.808	0.675	0.755
第八师	0.559	0.743	0.741	0.758
河北	0.366	0.584	0.361	0.388
湖北	0.624	0.582	0.179	0.421
山东	0.514	0.571	0.479	0.407

在与地方（自治州）棉花产品质量的对比中发现：与兵团师变化趋势一致的有三组，一是第五师和博州均呈"N"形，除 2015 年外，第五师水平均比博州高；二是第六师和昌吉州均呈倒"U"形，除 2016 年外，第六师水平均比昌吉州高；三是第七师、塔城和第八师均呈"N"形，仅 2015 年塔城比第七师和第八师水平都高。此外，与第一师逐步增长趋势相比，阿克苏的棉花产品质量呈曲折上升之势，但上升速度较第一师低。2015 年、2016 年高于第一师水平，到 2017 年、2018 年低于第一师水平。与第二师呈倒"U"形发展趋势相比，巴州呈曲折上升趋势。2015 年巴州高于第二师水平，自 2016 年起巴州水平均低于第二师。与第三师曲折上升趋势相比，喀什呈"U"形趋势。2015~2017 年喀什高于第三师水平，2018 年喀什低于第三师水平。

在与内地主要植棉省份棉花产品质量的对比中发现：兵团棉花质量的绝对

优势越发突出。2015 年，湖北棉花质量优于兵团质量最好的第六师，山东处于兵团中游水平，河北介于兵团师倒数第一名和第二名之间，处于兵团下游水平。2016 年，河北、湖北和山东均下降到兵团师倒数第三名和第二名之间，处于兵团下游水平。2017 年，河北、湖北和山东进一步下降，山东介于兵团师倒数第一名和第二名之间，河北和湖北下降到低于兵团师最后一名。2018 年，河北、湖北和山东均再一次下降到低于兵团师最后一名。总的来讲，兵团棉花质量呈上升趋势，内地三大主要植棉省份棉花质量呈相对下降趋势，兵团棉花质量的绝对优势不断凸显。

3.4　面源污染状况评价

新时代兵团棉花产业转向高质量发展，必然要求实现高质量的产业循环，这就要着力缓解棉花生产过程中存在的突出失衡，确保棉花生产的健康可持续发展。面源污染问题是长期困扰兵团棉花高质量发展的"顽疾"，因此，科学、准确地评价兵团棉花生产的面源污染水平是实现兵团棉花产业向高质量发展的基础。本节利用与上节相同的方法测算出兵团各主要植棉师棉花生产面源污染水平，分析兵团各师面源污染的整体情况及变化趋势。结合与兵团相邻地方（自治州）、内地主要植棉省份的棉花生产面源污染水平及其变化趋势进行对比，分析兵团棉花清洁生产的不足之处。

3.4.1　评价方法与数据来源

面源污染的评价方法参照 3.2.1 中层次分析法，根据数据的可获得性，先利用 Yaahp 软件，基于科学性、整体性和可操作性原则，根据实际需求，建立以棉花面源污染水平为决策目标，以农膜、化肥及农药为备选方案的层次结构模型。采用专家匿名评分法，让包括从事棉花产业研究的政府工作人员、研究员、教师及企业职工等 7 人，以德尔菲标度法对各指标的重要程度进行评判及打分，得到判断矩阵 M：

$$M = \begin{pmatrix} 1 & 5 & 8 \\ 1/5 & 1 & 3 \\ 1/8 & 1/3 & 1 \end{pmatrix} \qquad (3-13)$$

由 CI = 0.0424 < 0.1 可知，判断矩阵通过了一致性检验。进一步地，计算出方案层各因子对于决策目标重要程度的权重值分别为 0.7418、0.1830、0.0752。

考虑到污染主要来源于地膜残留，因此，课题组在整理相关新闻和访谈专家的基础上，结合实地调研成果，分别给予 2015～2018 年兵团的棉田农膜残留率60%、45%、35%、25%，给予地方（自治州）地膜残留率70%、60%、50%、40%，给予内地植棉省份历年 75% 的比重。将各指标权重代入式（3-14），可得兵团棉花生产面源污染水平。其中，各指标均进行了标准化处理。

棉花生产面源污染水平＝农膜投入×农膜残留率×农膜的权重+化肥投入×化肥的权重+农药投入×农药的权重 $\qquad (3-14)$

3.4.2　面源污染状况分析

兵团棉花面源污染水平如表3-9所示。按区域来看，各师排名主要呈两种变化趋势：一是总体平稳或呈上升趋势，包括第八师、第二师和第六师。其中，第八师和第二师有明显的先下降后上升的趋势；第六师基本呈逐渐上升的趋势。二是呈总体下滑趋势，包括第一师、第三师、第五师、第七师。其中，第三师和第五师持续下降，第一师和第七师波动下降。

表 3-9 兵团棉花面源污染评价

年份 植棉区	2015	2016	2017	2018
第一师	0.474	0.318	0.377	0.266
第二师	0.368	0.209	0.312	0.304
第三师	0.448	0.349	0.325	0.254
第五师	0.307	0.267	0.183	0.155
第六师	0.133	0.205	0.253	0.268
第七师	0.429	0.261	0.421	0.242
第八师	0.492	0.171	0.249	0.267

　　按时间来看，2015 年的污染情况最严重，且各师之间的差异也是最大的；2016 年较 2015 年的污染严重情况有所好转；2017 年的污染情况较上一年有所加重，且各师之间的差异也有所增加。2018 年的污染情况最轻，且各师之间的差异也是最小的。因此，总体来看，兵团棉花生产面源污染问题较之前有所缓解。

　　为更全面地认识兵团棉花生产的面源污染问题，本节对与兵团各师相邻的地方（自治州）和内地三大主要植棉省份以相同的方法测算出各自的棉花生产的面源污染水平，并与兵团作对比，如表 3-10 所示。

表 3-10 兵团、地方（自治州）及内地主要植棉省份棉花生产面源污染评价

年份 植棉区	2015	2016	2017	2018
第一师	0.567	0.356	0.416	0.300
阿克苏	0.393	0.348	0.409	0.355
第二师	0.536	0.327	0.355	0.302
巴州	0.506	0.409	0.370	0.351
第三师	0.571	0.437	0.355	0.295
喀什	0.393	0.348	0.409	0.355
第五师	0.479	0.351	0.272	0.211
博州	0.482	0.429	0.473	0.420

年份 植棉区	2015	2016	2017	2018
第六师	0.402	0.304	0.287	0.293
昌吉州	0.474	0.433	0.401	0.354
第七师	0.549	0.358	0.433	0.279
塔城	0.442	0.355	0.342	0.328
第八师	0.549	0.318	0.312	0.283
河北	0.249	0.240	0.236	0.241
湖北	0.112	0.113	0.100	0.095
山东	0.263	0.268	0.278	0.280

由表3-10可知，兵团棉花生产的面源污染问题比地方要严重得多。虽然新疆地方的地膜回收率稍落后于兵团，但由于兵团的地膜使用量更多，除第五师、第六师历年污染程度比其相邻的自治州较轻、第二师只有2015年高于巴州外，其余各组对比中均是兵团污染程度相对高于地方。其中，第一师的污染程度，2015~2017年均比其相邻的地方（自治州）严重；第三师的污染程度，2015~2016年比喀什重，2017~2018年情况好转。在第七师和塔城这组对比中，塔城的污染情况只有2018年比第七师重一点。

在与内地主要植棉省份棉花生产面源污染情况的对比中发现：兵团污染的绝对劣势有所好转。在2015年和2016年时，兵团乃至新疆的面源污染水平全部高于山东、河北、湖北的污染水平；在2017年时，第五师的污染水平下降到介于山东、河北之间；在2018年时，第七师的污染水平介于山东和河北之间，第五师的污染水平介于河北和湖北之间。由于内地三大植棉省份用膜数量更少，且使用量和残留量基本保持稳定，因此，整体来看，兵团棉花生产的面源污染情况得到了一定的缓解。

3.5 共享性与包容性评价

新时代兵团棉花产业转向高质量发展，必然要求实现产业的包容性发展，而包容性发展的内涵强调机会均等的、可持续的经济增长，即居民收入的增长不过分地依赖于某一项经济活动。因此，本节通过分析可支配收入对棉花生产收益的依赖性，结合与兵团相邻地方（自治州）、内地主要植棉省份对比，分析兵团棉花产业包容性发展的相对优势。

3.5.1 共享性

家庭用工折价虽然是作为成本计入收益分析表中，但它也意味着家庭劳动收益，因此，整理兵团棉花生产收益占人均可支配收入比重如表 3-11 所示。整体来看，兵团各师单位面积（公顷）家庭用工折价占人均可支配收入比重均在 8% 以内，单位面积（公顷）现金收益占人均可支配收入比重均在 30% 左右，这表明虽然兵团提供了我国 1/3 的棉花产量，但连队职工的经济活动和经济收入的多元化并未受到影响。其中，家庭用工折价占可支配收入比重最高水平为 2017 年的第二师，为 14.52%，最低水平为 2017 年的第一师，为 3.21%；现金收益占可支配收入比重最高水平为 2017 年的第八师，为 74.91%，最低水平为 2015 年的第二师，为 -45.77%。

表 3-11 兵团棉花生产收益占可支配收入比重　　　　　　单位：%

植棉区	家庭用工折旧占可支配收入比重				现金收益占可支配收入比重			
	2015 年	2016 年	2017 年	2018 年	2015 年	2016 年	2017 年	2018 年
第一师	8.15	3.25	3.21	5.33	-41.40	48.50	50.96	57.33

续表

植棉区	家庭用工折旧占可支配收入比重				现金收益占可支配收入比重			
	2015 年	2016 年	2017 年	2018 年	2015 年	2016 年	2017 年	2018 年
第二师	4.46	9.41	14.52	8.02	-45.77	14.60	42.82	31.98
第三师	10.11	14.26	13.18	10.64	-26.13	14.45	47.39	37.74
第五师	5.82	4.46	7.51	5.55	25.18	60.84	62.41	36.08
第六师	4.77	13.52	12.22	7.85	-19.64	44.20	46.77	44.37
第七师	5.44	5.13	4.78	5.50	-26.41	2.05	68.50	53.58
第八师	5.31	7.57	6.46	6.66	11.48	68.35	74.91	39.14

从平均水平来看，家庭用工折价占可支配收入比重由大到小排名前三的是第三师、第六师、第二师，表明这些植棉区的棉农职工在棉花生产劳动支出方面相对更多地依赖家庭支出；现金收益占可支配收入的比重由大到小排名前三的是第八师、第五师、第六师，表明这些植棉区的棉农职工对棉花生产的经济效益依赖性相对较大。总体来看，第二师的棉农收入对棉花生产收益依赖性最弱，这表明第二师的棉花生产最具包容性。

3.5.2　包容性评价

为更全面地认识兵团棉花生产的包容性发展水平，本节梳理了与兵团各师相邻的地方（自治州）和内地三大主要植棉省份的棉花生产收益占可支配收入比重，并与兵团作对比，如表 3-12 所示。

表 3-12　兵团、地方（自治州）及内地主要植棉省份棉花生产收益占可支配收入比重

单位：%

植棉区	家庭用工折价占可支配收入比重				现金收益占可支配收入比重			
	2015 年	2016 年	2017 年	2018 年	2015 年	2016 年	2017 年	2018 年
第一师	8.15	3.25	3.21	5.33	-41.40	48.50	50.96	57.33
阿克苏	68.52	104.28	63.08	62.82	12.16	206.40	132.16	122.56

续表

植棉区	家庭用工折价占可支配收入比重				现金收益占可支配收入比重			
	2015 年	2016 年	2017 年	2018 年	2015 年	2016 年	2017 年	2018 年
第二师	4.46	9.41	14.52	8.02	−45.77	14.60	42.82	31.98
巴州	13.17	25.67	11.00	10.82	−35.34	115.97	46.50	−24.13
第三师	10.11	14.26	13.18	10.64	−26.13	14.45	47.39	37.74
喀什	140.15	59.38	128.56	114.34	55.32	101.69	179.17	124.10
第五师	5.82	4.46	7.51	5.55	25.18	60.84	62.41	36.08
博州	45.17	125.97	50.87	47.93	17.46	189.23	94.54	51.43
第六师	4.77	13.52	12.22	7.85	−19.64	44.20	46.77	44.37
昌吉州	35.14	37.74	39.38	34.99	−30.83	29.06	30.52	29.46
第七师	5.44	5.13	4.78	5.50	−26.41	2.05	68.50	53.58
塔城	11.69	19.71	18.35	14.11	0.95	52.59	89.85	46.64
第八师	5.31	7.57	6.46	6.66	11.48	68.35	74.91	39.14
山东	205.08	197.20	184.74	168.91	85.65	126.02	110.68	85.24
河北	233.63	223.51	205.64	188.59	137.07	174.33	129.78	133.69
湖北	212.70	198.84	180.48	167.14	106.61	97.47	56.35	75.48

由表 3-12 可知，兵团棉花生产的包容性发展水平比地方要高得多。除第六师、第八师的平均现金收益占可支配收入比重比各自相邻的昌吉州、塔城较高外，其余各组对比中均是兵团包容性发展水平高于地方。在与内地主要植棉省份棉花生产的包容性发展水平对比中发现，兵团的绝对优势突出。在兵团各师平均每公顷家庭用工折价占可支配收入比重不到8%、现金收益占可支配收入比重均在30%左右的水平时，内地三大植棉省份的平均每公顷家庭用工折价占可支配收入比重近200%，现金收益占可支配收入的比重近110%，这表明内地三大植棉省份的棉花生产包容性发展水平远落后于兵团。

4 团场改革后棉花产业高质量发展的障碍与原因分析

作为我国重要的优质棉生产基地和先进技术示范区，兵团在我国棉花全产业链中具有重要的战略地位。团场综合配套改革后，兵团棉花产业面临品种管控难度加大、优质棉供给不足、高质量发展的市场协调机制尚不完善等高质量发展的障碍因素，深层原因是市场化、组织化、规模化的生产经营方式发展滞后。

4.1　改革前后兵团棉花产业组织形式

改革前，兵团棉花生产是以行政手段为主导的企业型组织方式，生产、加工、流通都可视为师团这一大型国有农业企业的内部部门。改革后，兵团棉花生产变为以价格机制为主导的市场型组织方式，生产什么、交售给谁，完全由市场主体根据市场价格自主决定。

4.1.1 改革前兵团棉花生产经营形式

团场综合配套改革前，兵团实行的是以职工家庭生产承包管理为基础、团场生产经营为主的统分结合的双层经营体制。团场是一个特大型的国有农场，"土地承包经营、产权明晰到户、农资集中采供、产品订单收购"是团场的基本经营制度。兵团棉花生产是"兵团→农业师→团场→连队→职工"的隶属与生产组织管理关系，其中，师棉麻公司是农业师的棉花销售企业，棉花加工企业是团场出资、管理的企业，采棉公司按照团场统一组织安排，向职工提供采棉服务（见图4-1）。棉花生产由兵团统一制订年度计划，各师分配到相应的任务指标，组织下辖团场、连队、职工签订承包经营合同，形成多重承包链条。生产资料由团场统一采购、职工承担相应的费用，品种实施"一主一辅"管理方式，职工要向团场上交职工自身受益的"五保三费"，籽棉统一交售至团属加工厂，按照各师制定的籽棉价格兑现棉花款（含目标价格补贴部分），除棉麻公司皮棉销售外，其他生产环节均是行政安排。

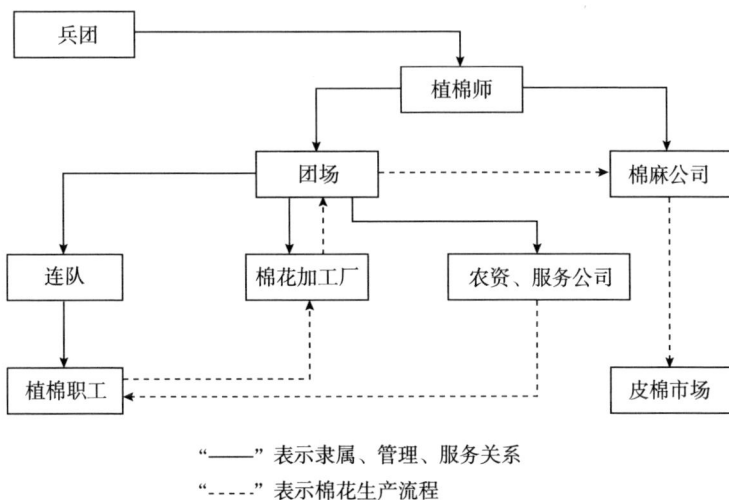

"——"表示隶属、管理、服务关系

"-----"表示棉花生产流程

图4-1 团场改革前棉花生产组织关系

4.1.2 改革后兵团棉花生产经营形式

团场综合配套改革后，"五统一"取消，品种选择、农资选购、籽棉交售均由植棉职工自主决定，生产的市场化水平显著提高，团场棉花生产的组织关系如图4-2所示。植棉职工根据市场情况选择种植品种，什么品种产量高、收益高，职工选择什么样的品种，农资自由选购，籽棉交售至兵团公示加工厂可获得目标价格补贴，否则无法获得补贴。棉花加工企业划归师棉花公司后，作为市场主体追求利润最大化，大部分加工企业按照衣分率定价。兵团、各师、团场履行政府职能，负责棉花相关政策的制定与实施，不再干预棉花具体生产过程，并通过连队"两委"为职工提供植棉服务。至此，兵团棉花生产与我国其他地区基本一致，不同之处在于兵团职工承担民兵义务与退休制度。

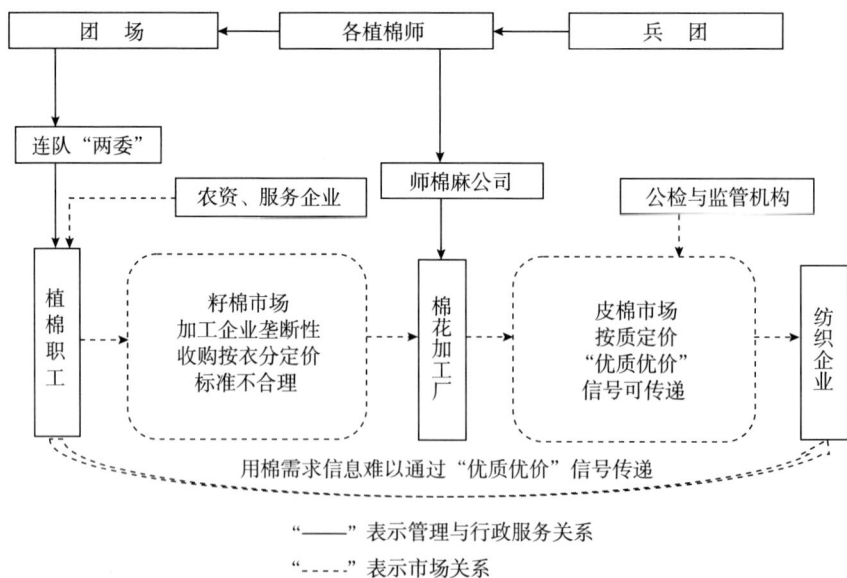

"——"表示管理与行政服务关系
"-----"表示市场关系

图4-2 团场改革后棉花生产组织关系

兵团棉花市场的主要特征如下：一是存在籽棉与皮棉两个市场，棉农不直接面对纺织企业，不同于美国、澳大利亚等国家种植主体直接销售皮棉产品；二是籽棉生产与交易环节存在大量分散棉农，棉农生产经营的组织化程度低下，生产过程难以做到统一标准，不利于优质皮棉的生产；三是市场信息不对称，"优质优价"信号难以通过皮棉市场、籽棉市场传递给棉农，棉农没有积极性生产高质量棉花。

4.2 改革后兵团棉花产业高质量发展的障碍因素

兵团棉花竞争力的核心在于，通过各生产环节的协同作用，为纺织企业提供较高性价比的皮棉产品。这就要求在生产环节降低植棉成本，加工销售环节做到按品种、按时间分类加工，按照纺织企业需求供货，通过政府与市场建立生产、加工、流通、消费各环节合理的利益分配格局。然而，当前兵团棉花产业存在成本高、质量低、性价比不高、支持政策导向性不强、高质量棉花生产的市场协调机制尚未建立等障碍因素。

4.2.1 品种多乱杂是高质量发展的长期障碍

棉种是决定棉花质量的关键，品种多乱杂导致棉花一致性差、质量下滑。主要表现如下：一是品种多，缺乏当家品种。由于审定门槛低、育种导向不符合生产需求、种子企业对品种过度需求，导致新疆审定品种达 200 余个，种植面积在 5 万亩以上的不足 50 个。二是市场乱，监管难度大。审定与生产脱节，新疆实际种植大多为转基因抗虫棉品种，而审定的品种均为非转基因品种，而导致市场混乱、监管难度大。三是品种混杂，遗传品质低下。棉种制售企业数量多、规模小、创新能力不足,"重审定,轻育种""重品种,轻繁育",导致多品种混种混收,品种更换频繁,棉花遗传品质低下。

按照生态区合理布局来看,品种是生产高质量皮棉的决定性因素,兵团职工数量多、种植规模小,按区域统一品种的难度很大,尤其是随着职工种植自主性的增强,团场与连队只能引导、不能干预职工的品种选择行为,这就难以实现"一主一辅"品种管理。职工选择棉种主要考虑产量和衣分,政府部门难以监督管理,再加上种子销售企业的过度营销,品种多乱杂问题反弹,不利于高质量棉花的生产。调研显示,先行改革的第六师种植品种数量有所增加,各团主栽品种面积占比下降10%以上,第六师芳草湖、新湖职工更愿意选择衣分率高、产量高的新陆早46号、新陆早57号,高质量的新陆早72号面临被淘汰的危险,这势必导致皮棉一致性降低、质量下滑。截止到2018年12月底,第六师皮棉检测量为15.27万吨,高于去年同期检测量,但棉平均纤维长度较上年减小0.4毫米,30毫米以上占比下降21.4个百分点;断裂比强度均值下降0.6牛/特克斯,"强"和"很强"级占比下降11.7个百分点;白棉2级及以上与上年相比减少15.6个百分点。

4.2.2 残膜污染是高质量发展的特殊障碍

纺织企业用棉时考虑的关键因素是皮棉的性价比,高质量的皮棉生产高品质的纱线,即便皮棉价格高一些,纺织企业依然有利可图。中国棉纺织行业协会定义的高质量皮棉是纤维长度与断裂比强度在"双28.5"及以上、马克隆值在3.7~4.6的皮棉,2017年我国高质量皮棉需求在278万吨左右,当年国产高质量皮棉仅有99万吨。2017年兵团生产高质量皮棉36万吨,占全国高质量棉花总供给的36%,占全国高质量棉花总需求量的12.6%。虽然自目标价格改革实施以来,兵团高质量棉花占比不断提升,但最高的2017年也仅占兵团棉花总产量的23.74%,存在较大的提升空间(见图4-3)。当前兵团棉花质量提升面临以下几个困难：一是职工种植自主性增加后，品种管控难度加大；二是长期积累下来的残膜治理还未得到有效解决，残膜混入皮棉问题难以根除；三是种植、采收、加工、销售等环节的协调难度加大，高质量棉花的利益分配机制不完善。

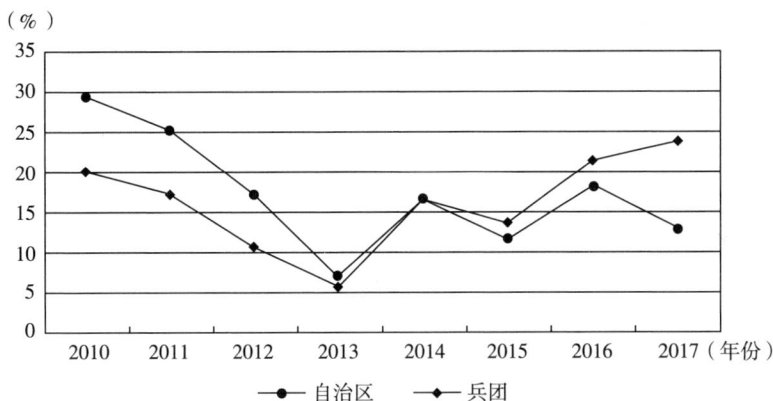

图4-3 2010~2017年兵团优质棉占兵团棉花产量的比重

4.2.3 采收与加工冲突是高质量发展的利益障碍

"五统一"取消后，职工采收和交售自主性增加，受棉花价格"前高后低"和扣水扣杂"前低后高"影响，职工已形成"早采收、早交售"就是"高收益"的观念，根据我们的测算，相同条件下，早交售的职工比晚交售的职工多收益几千元至1万元。受此利益驱动，2018年兵团北疆棉花采收时间由上年的30多天减少为20多天，籽棉大量集中交售与兵团加工企业能力不足、有意延迟收购的矛盾加剧，堆放在田间地头推迟交售又存在较大的安全风险，同时找车难、排队长等也导致职工交售成本增高。2018年团场籽棉产量大幅增加，棉花加工速度相对缓慢，籽棉的无序堆放、异纤混入等不利于棉花质量的提升。据统计局数据，2018 年兵团棉花种植总面积为 1281 万亩，总产量达 204 万吨，均较上年增加 20% 以上，而兵团棉花加工企业加工能力并未增加，客观上导致籽棉外流，不利于兵团棉花竞争力的提升。

加工产能过剩，叠加棉价上涨，抢购籽棉致使水杂含量增加。2020 年，新疆公示棉花目标价格改革加工企业数量 994 家，1334 条生产线，总体皮棉加工能力在 1100 万吨以上，远远超过新疆皮棉 500 万吨左右的产量；其中，自治区加工企业 727 家，893 条生产线，兵团加工企业 267 家，441 条生产线。由于产能严重过剩，加工企业竞相抢购籽棉，放松水杂含量等收购标准。棉花收购市场由往年的买方市场转为卖方市场，"萝卜快了不洗泥"，棉农质量意识弱化，夜采露水棉屡禁不止，甚至出现掺杂使假现象。

4.3　制约兵团棉花产业高质量发展的深层原因

兵团棉花产业高质量发展困难，除外部环境影响外，关键在于诱发质量变革、效率变革和动力变革的内生条件尚未充分形成。棉花产业链非常庞大，服务好这条产业链，关系着兵团现代农业的发展，更与种棉户的增收息息相关。

4.3.1　分散化经营是制约高质量发展的根本原因

分散化的小农经营模式，不仅催生品种多乱杂、无序采收、混级交售、异纤混入、掺杂使假等问题，还严重制约先进植棉技术的推广应用，进而影响棉花质量。新疆地方棉农种植规模小、组织化程度低，虽然合作社、植棉公司发展迅速，但真正能实现"统一品种、统一管理"的凤毛麟角；兵团团场综合配套改革后，取消"五统一"、职工自主性增强，团场与连队只能引导、不能干预职工种植行为。棉农只重视产量和衣分，政府部门难以监督管理，导致棉花质量下滑。

4.3.2 籽棉收购市场不规范是制约高质量发展的重要原因

只有具备公平、公正的市场秩序，市场才能合理、优化配置资源。当前兵团籽棉收购市场在以下几方面存在不规范现象：一是籽棉收购加工企业具有一定的垄断性，由于职工籽棉交售中存在的运输成本和堆放风险，80%以上的职工只能选择交售至离得近的企业。二是绝大部分加工企业在籽棉收购时"按衣分"定价，"一个衣分一毛钱"，这势必导致职工在品种选择时追求高衣分、高产量，一般来说高衣分、高产量的品种皮棉质量较差；虽然2018年第八师、第七师实施"按质定价"，但在具体执行中由于价差太小难以发挥"优质优价"的导向作用。三是兵团公示的国有企业和民营企业之间，在"扣水、扣杂"方面缺乏一致的标准，兵团国有企业均"扣水扣杂"，而地方企业和兵团公示的民营企业一般不扣水杂，缺乏公平合理的籽棉交售"扣水、扣杂"标准。四是兵地之间籽棉交售市场分割严重，兵团企业和地方企业之间未实现籽棉交售票据领取目标价格补贴的相互认可，导致部分将籽棉交售至地方企业的兵团职工无法领取补贴。上述市场不规范现象严重制约着兵团棉花质量的提升，难以发挥市场在资源配置中的决定性作用。

4.3.3 棉花追溯体系不健全是制约高质量发展的关键原因

棉花生产过程中完备的信息系统，既可以让市场发挥"优质优价"的信号传递作用，也可以让补贴发挥"质优多补"的导向作用。自2015年以来，兵团逐步建立起了目标价格信息平台，该平台储存了职工的姓名、身份证、种植面积、交售重量、衣分率、含杂率等信息，为顺利开展补贴兑付工作奠定坚实的数据基础。但由于团场职工分散经营，职均面积小、交售规模少，加工企业在籽棉收购过程中虽然也做绒长、强力等指标的检测，但并未将其上传至相应的信息系统之中，实际收购过程中也未按照质量指标定价。因此，有关植棉职工的种植品种、纤维长度、断裂比强度、马克隆值等质量信息现阶段未进行收集，也就无法建立棉花质量的追溯系统；棉花生产的质量信息难以追溯到职工层面，"优质优价"导向作用难以发挥。

4.3.4 "无规可依、多头监管"是制约高质量发展的体制原因

市场经济条件下，种植、加工、纺织等主体利益诉求不一致，缺乏"优质优价"的利益协调、分配、保障机制。棉农注重产量与衣分，收购加工企业注重低成本，棉纺企业注重棉花质量，各主体利益联结机制松散，难以做到共担风险、共享收益。一方面，新疆大部分加工企业在籽棉收购时"按衣分"定价，这种定价方式必定引导职工选择"衣分高、产量高"的品种而不是"质量好"的品种；另一方面，缺乏棉花质量信息追溯系统，交售籽棉农数量多、规模小，加工企业难以按品种、按质量堆垛，无法按质量分开加工，籽棉加工时难以建立与皮棉的对应信息，即便加工流通企业希望把高质量皮棉的收益兑现给棉农，也缺乏可追溯的信息。

有效市场更需有为政府依法依规监管，规范生产、有效监管是高质量皮棉供给的体制保障。随着"放管服改革"和"团场综合配套改革"的不断深入，相关部门出现了不会管、监管不到位等情况。一是法规不健全，缺乏规范的机采棉品种选择、采收、收购标准，现行标准落后生产实践；二是棉花生产经营主体小而散，难以监管棉农品种统一、规范采收行为，在收购过程中，轧花厂不执行"一试五定"，异纤、水杂把控不严，放宽籽棉收购标准；三是棉花生产经营分别由农业、发改、市场监管、县（团）基层等部门监管，多头监管难以有效引导、服务、监管其行为。

4.3.5 质量补贴导向作用弱是制约高质量发展的政策原因

与其他植棉大国相比，我国土地资源相对稀缺，只能通过增加单位面积产量、提升棉花质量来提高棉花产业的竞争力。如果市场难以通过"优质优价"发挥质量导向作用，就要通过补贴政策促进棉花质量的提升。为此，发改委、财政部《关于深化棉花目标价格改革的通知》（发改价格〔2017〕516号）中提出，鼓励新疆与兵团开展补贴与质量挂钩的试点工作。2017年，在自治区与兵团目标价格改革中，分别选择一些县市团开展补贴与质量挂钩的试点工作，规定面积达300亩以上、"双29"以上、可追溯至生产者的籽棉每千克多补0.2元；但受资金额度限制，质量奖补金额占棉花价格的比重较低。再加上户均植棉规模小、籽棉交售数量少，加工企业收购籽棉时未"按质定价"，目标价格改革信息平台没有棉农籽棉质量的真实信息，质量信息追溯难，补贴与质量挂钩操作十分困难，无法精准补贴到户，"质优多补"导向作用难以发挥，激励效果不明显，政策对高质量棉花的导向作用不强。2017年兵团目标价格补贴资金总额为44亿元，而用于质量的补贴仅为1000多万元，不足补贴资金的5‰，虽然向植棉职工发出了"质优多补"的信号，但实际的质量导向作用不强。

5 兵团棉花产业高质量发展的实现途径

当前国际国内环境发生深刻变化，融入"双循环"新发展格局，实现高质量发展是棉花产业的必由之路。兵团不仅要通过深化改革积极融入"国内大循环"，更要处理好特殊管理体制和市场机制的关系。积极培育棉花生产新型经营主体、市场主体，强化企业的市场主体和竞争主体地位，充分发挥市场在资源配置中起决定性作用，运用市场化手段提高棉花生产集约化、规模化、组织化水平，实现高质量发展。

5.1 培育新型生产经营主体，推动棉花产业高质量发展

组织化、规模化、机械化是提升棉花质量的根本之策，必须制定切实有效的鼓励政策，培育新型生产经营主体，提升生产组织化水平。新型生产经营主体在团场最具活力和能动性，是推进兵团棉花产业适度规模经营和实现团场连

队振兴的重要动力源。因此，兵团应尽快明确培育和发展各类新型生产经营主体发展的政策空间和规模边界，让职工有据可依；明确各类新型生产经营主体创办条件，规范各主体组建和运行，提高自我发展能力。

5.1.1 大力扶持棉花种植专业合作社

棉花种植专业合作社作为一种职工互助性合作组织，有完整的制度体制和利益分配机制，组织内既有具备丰富传统种植经验的社员，又有具备现代经营意识的社员，不仅有利于促进棉花生产机械化水平的提高，而且能够提高棉花的经济效益。同时，棉花专业合作社的成立还有利于机采棉的推广，统一生产经营的运作模式有利于机采棉生产各环节的科学管理，提高机采棉的品质等级，增加机采棉的经济效益。由于职工入社自由、退社自愿，生产经营公平平等，不仅保护了植棉职工的权利，而且增加了植棉职工的收入，提高了生产经营的组织化水平，是市场经济条件下兵团棉花生产全程机械化的重要组织保障，是实现兵团棉花产业高质量发展的组织基础。

具体实现途径为：第一，坚持"入社自愿、退社自由、成员平等"的原则，鼓励职工成立棉花种植专业合作社，以"统一品种、统一管理、统一销售"为目标，加大对合作社整合加工企业的金融支持力度，构建完善的生产协作机制与利益分配机制，支持合作社逐步直接销售皮棉。第二，棉花种植专业合作社的组建和运行等工作应切实遵循《中华人民共和国农民专业合作社法》相关规定，如：对于成员总数20人以下的合作社，可以有一个企业、事业单位或者社会团体成员；对于成员总数超过20人的合作社，企业、事业单位和社会团体成员不得超过成员总数的5%；等等。棉花种植专业合作社的组建和运行应坚持"民办、民管、民受益"原则，不搞行政主导的合作社，以市场为导向，以骨干合作社为依托，以技术服务为纽带，鼓励合作社间的合作，培育一批具有一定竞争力的合作社联社，同时注重合作社的能力建设，加大力度检查和取缔空壳和挂名的"合作社"。

5.1.2 规范指导棉花种植家庭农场

棉花种植家庭农场以家庭成员为主要劳动力，以棉花种植收入为家庭主要收入，以追求效益最大化为目标，既能整合应用先进的农技、良种、良法、农机作业，又能通过保险、政府扶持等途径增强其抵御自然灾害的能力，不仅有利于棉花生产的节本增效，而且能够促进其发挥规模经济的示范效应。同时，家庭农场通过土地流转等形式建设高标准棉田，有利于提高棉种的统一性和棉花种植的标准化；由于家庭农场规模大、产量稳定、原棉一致性高，基本可以通过预售订单解决销路问题，在和加工厂的长期合作、利益联结机制下，比一般的职工更注重棉花的品质，有利于提升兵团棉花的整体质量和发挥兵团维稳戍边的特殊作用。

首先，棉花种植家庭农场的种植面积须达 200 亩以上，且不超过本团场一个职工身份地的 5 倍，以引导家庭农场适度规模经营，取得最佳规模效益。其次，把符合条件的棉业专业大户逐步纳入家庭农场的范围，加快促进兵团棉花生产经营模式多样化发展。再次，通过棉花种植家庭农场信息管理系统的建立和完善，支持相关产业政策的落实，比如提供生产、技术、信息、资产评估等服务，维护农场的合法权益等。同时，提升棉花种植家庭农场经营者互联网应用水平，通过电子商务平台支持家庭农场发展电子商务、降低交易成本。最后，制订系统的棉花种植家庭农场经营者培训计划，以棉花种植示范家庭农场、涉棉研究科研院所、棉业龙头企业和农机农技企业等为培训主体，采取田间学校等多种形式，使棉花种植家庭农场经营者至少每年轮训一次，以提高其经营水平。

5.1.3 引导组建棉花种植农业公司

棉花种植农业公司以市场为导向,以经济效益为中心,以技术创新为动力,是棉花产业高质量发展的依托主体。植棉企业既能主动了解市场信息并按市场需求来调整其棉花供给数量和供给结构,又能通过先进生产技术的积极应用进一步降低生产成本、提高生产效率,不仅有利于缓解棉花市场的供需矛盾,而且能够促进兵团棉业生产经营方式的现代化转变。同时,农业公司可以凭借自身规模优势增加与化肥、农药、农机具等生产资料部门,以及棉花产业链中游的物流、仓储、加工等部门间的联合发展,有利于提高兵团棉花生产的专业化和组织化水平;由于棉花种植农业公司通常采取"公司+农户"的生产经营模式,因此其不仅能解决土地流转所带来的团场剩余劳动力就业问题,还能促进富余劳动力就业增收。

因此,兵团应制定相应的激励政策支持组建植棉企业,带动棉花产业高质量发展。第一,支持加工流通企业向前延伸,组建棉花种植企业。鼓励棉纺织企业、棉花加工企业延伸产业链,建立棉花生产企业,通过土地流转种植棉花,或与职工建立契约型、股权型利益联结机制,借助"订单农业""黏性合作"等形式,紧密联结产业链各环节,有效解决棉花"供需矛盾"。第二,引导工商企业租赁农户承包地发展适合企业化经营的现代棉业,研究制定加强工商企业租赁农户承包地监管和风险防范的实施办法,严格准入门槛,加强事中、事后监管,防止浪费农地资源、损害农民土地权益,防范承包农户因流入方违约或经营不善遭受损失。第三,加大政策支持力度,鼓励地方以招商引资方式引进农业龙头企业,或采取合资、入股等方式合作经营等。也可通过支持培育壮大本地农业企业,开展精准培训,重点培育植棉"大户"和植棉"能人",以发展多种形式的植棉农业公司。以成熟的农业龙头企业带动团场棉花生产规模化经营和可持续发展,促进棉花产业高质量发展。

5.2 优化"产加销"利益联结机制，激发棉花产业高质量发展动能

契约稳定性强、分配合理的利益联结机制是激发棉花产业高质量发展动能的关键，必须建立合理有效的激励惩罚机制，提高供给端与需求端之间的利益关联度，提升产业链合作水平。畅通兵团"产销"联结机制，是促进兵团棉花产业形成利益共同体的核心要点。因此，兵团应组建多种类型的棉花产业集团，从产业内部多维度提升产业综合竞争力；通过外部体制改革，提升产业链内各环节主体对棉花产业高质量发展的参与度。

5.2.1 组建棉花产业集团，引领全产业链发展

棉花产业集团兼具现代企业制度和市场竞争力，有利于建立知名品牌和提升国际竞争力，是带动兵团棉花产业链健康发展的关键。组建棉花产业集团可以使资本和先进技术、农艺措施、现代装备有机地融入到棉花产业生产经营的各个环节，加快实现机械化生产、区域化种植、集约化经营、企业化管理。同时，棉花产业集团的建立有利于将分散的小农户联系起来，形成规模优势，从而增强兵团乃至我国棉花产业抵御风险的能力。因此，兵团应组建带动能力强、与产业链相关主体利益联结紧密的差异化产业集团联盟，依托骨干企业，以资本为纽带，跨师团整合各师产业关联度高的企业和同质化资源，推动资本和要素集聚、集中，发挥市场机制作用，共同建立起贯通棉花"产、供、销"一体的利益联结机制，提高棉花产业的整体水平和综合竞争力。

以兵团棉麻（各师棉麻）等为骨干企业，建立以种植、加工、贸易、物

流、纺织为主业的棉花产业集团。通过产业利益联结机制的建立和完善,推动打造可以替代美棉、澳棉的兵团优质皮棉品牌。以严格落实"一主两辅",加强生产管理;严格规范采收流程,建立轧花企业退出机制,加强采收加工管理。然后,以物流龙头企业为主体组建棉花物流仓储集团。发展铁路、公路多式联运,建立集收纳、运输、存放等于一体的棉花运输物流体系;强化货物与资源联用能力,整合物流资源,形成智慧物流网络。通过发展棉花现代物流,为新疆棉花购销、仓储、物流提供坚实保障。以对外合作程度最深的企业为主体组建新疆棉花"走出去"集团。扶持一批棉花大型企业集团,加强与"一带一路"沿线国家在棉花产业的国际合作;加大对棉花骨干企业的支持力度,增强市场竞争力、抗风险能力,鼓励开展国家化经营。通过抓住丝绸之路经济带核心区建设机遇,在全球范围内配置棉花资源。

5.2.2 深化流通体制改革,增强加工流通企业市场主体地位

增强加工流通企业市场主体地位有利于畅通棉花物流通道、增强棉花物流节点功能、加快第三方棉花物流发展、加强棉花物流市场体系建设等,是不断完善棉花市场化经营体制的关键。建立布局合理、技术先进、高效顺畅的棉花现代物流基础设施网络和服务体系,有利于提高棉花流通效率、降低物流成本,增强兵团棉花、纺织产业竞争力。同时,流通体系贯穿于要素和产品两大市场,提升棉花质量必须破除流通领域的垄断势力,有利于加快促进产业实现高质量发展。因此,兵团应深化流通体制改革,打通流通的痛点、堵点,构建现代化交通网络和物流网络,完善兵地统一市场体系,突破区域流通障碍和壁垒,建立高效、畅通、有序、竞争的棉业市场流通体系。

首先,建立公平营商环境。通过优化营商环境来促进企业充分利用"两个市场",畅通兵团和地方,不断做大做强,打破棉花市场兵地分割、地域分割的局面,鼓励企业跨区域交叉设厂,给棉农交售提供更多选择,建立公开透

明、竞争有序、管理规范的市场环境。其次，交售发票相互认可。积极利用数字技术改造升级流通体系，充分发挥互联网、大数据等现代信息技术赋能作用，只要棉农交售到发改委认定的加工企业、取得正规发票，无论是地方企业还是兵团企业、国营企业还是民营企业，均可获得相应的目标价格补贴。最后，深化加工流通企业改革。通过对垄断部门进行改革，完善要素自主有序流动的市场化机制，积极引进央企、国企、民企（合作社）、外企优质资本参与加工流通企业股权改革，加大"放管服"力度、优化管理层考核指标，增强企业市场主体地位和竞争活力。

5.3 加大补贴与质量挂钩力度，增强补贴的质量导向作用

农业的基础性、弱质性、外部性、政治性是世界各国对农业实行支持保护政策的根本原因，但农业支持政策违背比较优势理论，产生资源配置扭曲作用。在未探索出完全替代目标价格补贴的政策之前，应以目标价格为核心实施多元化综合补贴，鼓励探索差异化改革；通过积极转箱，压缩"黄箱"、增加"绿箱"；通过化整为零，以目标价格为核心实施综合补贴。

5.3.1 深化目标价格补贴改革，加大质量补贴比重

深化棉花目标价格改革是适应国内外复杂形势变化对农村改革发展提出的新要求，是深化农业供给侧结构性改革、全面推进乡村振兴、实现新时代棉花高质量发展的需要。深化棉花目标价格改革不仅有利于推进兵团产业兴旺，提高优质棉基地的建设水平，而且有利于增强高质量绿色发展方面的导向性，加

快构建新型农业补贴政策体系，推进棉花由增产导向转向提质导向。同时，有利于调整改进"黄箱"政策，扩大"绿箱"政策适用范围，利用更加市场化的手段推动我国农业支持保护政策符合世贸组织规则。

首先，建立质量信息可追溯系统，使差异化补贴有据可依。通过建立统一的棉花追溯管理信息平台、制度规范和技术标准，实现不同环节信息互联互通、产品全过程通查通识；通过制定"棉包永久识别标志"，健全可以追溯到棉花品种、种植区域、生产者、籽棉质量、加工企业、生产线、生产日期、质量、重量、仓储物流等信息的棉花质量追溯体系机制。其次，细化补贴与质量挂钩的标准。一方面，将更大比重补贴资金用于质量挂钩补贴，如拿出补贴资金总额的30%用于质量补贴；另一方面，按照绒长、比强等指标制定不同籽棉质量补贴差价标准，对不同质量的籽棉进行差异化补贴。最后，对优质棉花实行累加补贴机制。以连队为单位，对于达到"双29B"的籽棉，在棉花目标价格数量补贴基础上，额外增加 0.3 元/千克的质量补贴；对于达到"双29A"的籽棉，在"双29B"的补贴基础上，进一步累加补贴 0.2 元/千克。

5.3.2 引入职工退休援助政策，拓展优质棉补贴维度

兵团把对职工种植优质棉的补贴引入职工退休援助政策中，有利于建立优质棉花种植长效机制，树立职工高度重视棉花质量的自主意识。按照 WTO《农业协定》对国内支持措施的分类，"绿箱"措施第 4 条款：对生产者直接补贴中的"（d）通过生产者退休计划提供的结构调整援助"措施是世贸规则允许的支持政策。可以充分利用这一条款，将补贴资金总额的一定比例（50%）以帮助职工缴纳社保的形式发放，在职工达到退休年龄后，收回土地解决生产细碎化问题。兵团团场职工均缴纳 1.5 万~1.7 万元/年的社保，按照确权颁证后职均 50 亩地计算，每人每年每亩地的缴费金额在 300~400 元，基本相当于目标价格补贴额度，该项目具有较大的容纳度。

5.4 适度调控加工产能，稳步提升 皮棉加工质量

目前，兵团籽棉交售已基本放开，但是因为《兵团棉花购销管理办法（暂行）》（新兵发〔2014〕64号）明确规定"皮棉销售实行统一销售规则、统一结算平台、统一销售价格形成机制"等原则，各师棉麻公司等经营主体不能完全自主销售皮棉。上述规定仍是行政主导下的"统一"，不利于市场机制发挥作用，兵团国有棉花加工及销售企业迫切希望完全放开皮棉销售。因此应尽快彻底放开皮棉流通，让棉花加工及销售企业获得更多自主权，提高企业竞争力。

5.4.1 建立企业退出机制，增强质量重视程度

加工企业数量过多，导致籽棉遭到哄抢，籽棉价格不断被拉高。同时，过多的加工企业造成资源浪费。因此，建议兵团根据当年籽棉产量确定公示企业数量，以整合为主，加大淘汰力度，建立完善市场退出机制，严格控制加工企业产能。同时，联合自治区共同规范加工企业籽棉收购企业的调价行为，取消限定收购价格调整的规定。

5.4.2 规范"籽棉收购"标准，"按质定价"引导生产

联合自治区共同建立"按质定价"的统一收购标准，使"优质优价"信号可传导。一是改变籽棉收购定价标准。所有加工企业必须配备籽棉质量与水杂快速检测仪，按照籽棉水杂含量、衣分率、纤维长度、断裂比强度、马克隆

值等质量指标定价，公示不同等级差价表和结算办法，严格按照检测值和差价表结算，并将棉农交售籽棉的各项信息录入目标价格改革信息平台。二是设立"公平秤"制度。市场监督管理局在每个团（乡镇）设立籽棉质量与水杂检测机构，免费检验纤维长度、断裂比强度、马克隆值、含杂等，为职工交售提供参考。三是加强监管。对于不执行"按质定价""一试五定"的企业，进行"暂停收购、罚款、取消资格"等处罚，确保把"优质优价"的信息直接传导给棉花生产者。

5.5 严格落实一控两减三基本，提升棉花清洁化生产水平

实施多层次的棉花清洁生产政策，有利于减少以残膜为主的异性纤维混入皮棉，促进兵团皮棉整体质量的提高。严格落实"一控两减三基本"有利于推动兵团在棉花生产领域全面落实"五大发展理念"，通过技术创新减少对化肥、农药和地膜的依赖，在棉花生产过程中减少污染物的产生，推动资源高效利用和环境友好型技术创新，实现棉花的清洁生产和绿色生产。

5.5.1 合理建立激励政策，鼓励清洁生产

针对棉田污染治理情况，兵团可以充分利用WTO《农业协定》中的"绿箱"措施第4条款：对生产者直接补贴中的"（g）环境计划下的补贴"，把补贴资金总额的20%用于棉田残膜治理与化肥农药减量化补贴，结合兵团的实际情况加以充分利用，探索合规、高效的农业支持保护制度，既可以有效规避世界贸易组织规则约束，又可以发挥补贴资金的导向作用。同时，对成绩突出

的，按规定授予"棉花清洁生产集体"称号，对获得称号和在棉花清洁生产工作中成效显著的集体和个体，按有关规定予以表彰和奖励。

另外，还需要注意以下两点：一是在研究方面可加大对覆膜植棉问题与对策的支持力度，对残膜治理、可降解地膜、不覆膜植棉技术的支持力度，从根本上解决"白色污染"问题；二是对南疆四地州（南疆师团）低收入地区，实施地区援助计划下的补贴，结合优质棉基地建设，加大基础设施建设和农资支出的资金投入力度，实施高标准棉田建设，减少棉田"白色污染"，推进棉花生产的组织化、规模化、机械化水平和可持续发展。

5.5.2　多维度拓展宣传渠道，增强公众清洁生产意识

增强公众的清洁生产意识，增加其对农业清洁生产的法规、知识等的了解，更有利于清洁生产的实践。因此，加大公众对清洁生产法规、知识的宣传力度是兵团实现棉花产业甚至农业高质量发展的必然选择。从行业层面来讲，应充分发挥节能环保等产业中介组织的作用。充分发挥科研院所等清洁生产技术依托单位的技术服务作用，为企业清洁生产审核、技术开发与推广、信息咨询、宣传培训等提供服务。

从政府层面来讲，除了要完成兵团科技厅、环保局等部门研究编制的清洁生产总体规划外，各地也要从本地实际出发，制定本地区清洁生产规划，并认真组织实施。清洁生产规划内容应包括：污染状况分析，实施清洁生产的指导思想、目标任务、重点内容、主要措施和进度安排，实施清洁生产的重点企业名单以及清洁生产重点项目等。例如，充分利用棉花专业网络平台，积极宣传棉花清洁生产理念，建立清洁生产、资源综合利用和循环经济的数据库，为企业和棉农提供网上信息服务和技术咨询服务；及时公布各类企业清洁生产审核信息、各地区棉花清洁生产情况。构建清洁生产技术网络交流平台，宣传清洁生产典型及先进的棉花清洁生产技术。以节能宣传周活动为契机，积极开展清

洁生产宣传活动。

5.5.3　有效落实惩罚措施，抑制非清洁生产

我国《清洁生产促进法》明确规定，不实施强制性清洁生产审核或者在清洁生产审核中弄虚作假的，或者实施强制性清洁生产审核的企业不报告或者不如实报告审核结果的，由县级以上地方人民政府负责清洁生产综合协调的部门、环境保护部门按照职责分工责令限期改正；拒不改正的，处以 5 万元以上50 万元以下的罚款。新疆各地可根据本地实际制定相应的奖惩措施，对未完成棉花清洁生产任务的地区和企业，予以通报批评。

5.6　积极融入国内大循环产业链，
合规联入国际外循环供应链

必须结合以国内大循环为主、国内国际双循环的新发展格局，完整全面贯彻新时代党的治疆方略，分别从加强国际舆论引导、调整出口结算方式、积极融入国内大循环、清洁链入国际大循环、做好企业信息保护等方面，推动新疆（兵团）棉花产业高质量发展。

5.6.1　顺应国内消费升级趋势，积极融入国内大循环产业链

党的十九届五中全会强调要"加快构建以国内大循环为主体、国内国际双循环相互促进的新发展格局"，必须"坚持扩大内需的战略基点，加快培育完整内需体系，把实施扩大内需战略和深化供给侧结构性改革有机结合起来，以创新驱动、高质量供给引领和创造消费需求"，开展核心业务云上平台、数

字化车间、智能工厂的集成创新与应用示范，依托数字技术、信息技术、人工智能、大数据等现代技术，发展智慧棉业。

新疆（兵团）棉花产业兼具经济、就业、社会、维稳等多重价值，各级政府必须高度重视，多措并举强化其支柱产业的地位、扶持其高质量发展。新疆棉花产量占全国的85%以上，纺织产能规模占全国的1/6，新疆棉花的生产和纺织业的发展保障了当地棉花种植户和棉纺织工人及其家庭成员的生计，改善了他们的生活。棉花种植户和棉纺工人及其家庭成员应该顺应国内消费升级趋势，积极融入国内大循环产业链。要通过供应链的应用与创新，打破生产、流通、消费等产业链各环节、各模块之间的边界，从模块化的生产组织方式，转向供应链的生产组织方式，实现全产业链的整合优化，这样我们的效率才会高，才能够形成新的高质量发展方式。利用新疆（兵团）棉花创新研发，提升产品层次，满足消费升级需求。要以供应链的协同，推动区域之间的协调发展，促进形成东西部地区之间的经济循环。要通过棉花市场供应链的创新，来推动在西部地区形成新的产业集群，形成新型的消费体系，引领新型消费发展，加快培育一批具有全球资源配置能力的国际一流平台企业和物流供应链企业，推动棉花产销之间的国内循环。

5.6.2 鼓励棉花产业集团"走出去"，合规联入国际外循环供应链

作为出口导向型产业，我国纺织服装产业对外依赖度很高，出口到美国和西方国家的分别占出口总量的15%和50%左右，其中使用新疆棉约50万吨和150万吨。2019年，我国对美国共出口棉纱0.73万吨，棉制面料1.97万吨，棉制产成品13.4万吨，棉制服装58.66万吨。

加快推进并支持棉花产业集团"走出去"，扶持和打造一批棉花大型企业集团，借助兵团与中亚、非洲、南亚等地区在棉花种植、节水灌溉等方面的合作基础，紧紧抓住"一带一路"倡议机遇，充分发挥兵团棉花生产经营的技

术先进、集约化程度高的优势，加大新疆银隆等企业境外棉业投资力度，参与国际棉花贸易与合作，有利于不断增强骨干企业的控制力、影响力、抗风险能力和全球棉花贸易定价权。要以包容、开放和共享的供应链思维和方式，形成利益共享、风险共担的利益循环机制。

通过对外贸易、对外投资、技术输出、对外援助等多种形式，推进境外棉花综合开发活动，拓展我国棉业发展的广阔空间和兵团棉花产业的影响力，提高兵团对全球棉花资源的控制力和全球话语权。加强与中亚、南亚、非洲等植棉国家交流，开展棉花种植、加工合作，输出兵团棉花优质品种培育推广、科学种植技术、病虫害生物与全程机械化技术，与国内外棉纺企业合资合作，共建优质棉花种植和加工基地，加强棉花种植加工贸易一体化建设。在进口中亚棉花贸易的基础上，开展非洲、南亚地区棉花贸易业务，尤其要开拓南亚地区的印度、巴基斯坦、孟加拉国等棉花种植生产大国的棉花进口业务，拓展东南亚地区的越南等新兴棉花消费国的出口、转销贸易，实现棉花资源的优化配置。在全球化重构过程中，推动全球经济、全球贸易和全球棉花供应链的循环。

6 兵团棉花产业高质量
发展的保障措施

团场综合配套改革必将强化市场在资源配置中的决定性作用，针对当前兵团棉花质量提升的深层次问题，必须"更好发挥政府作用"，加大棉花领域的供给侧结构性改革力度，充分利用市场机制全面提高棉花质量。

6.1 成立领导小组，加强党的领导

成立兵团棉花产业高质量发展领导小组，加强党委对棉花产业高质量发展的协调领导作用。设立兵团高质量棉花标准化生产委员会，加强对棉花行业信息的分析研判和棉花质量的宏观管理，对苗头性、趋势性问题进行预警预判，协调涉棉政府部门、行业组织、加工企业、植棉职工，加强对以下工作的领导。一是强化师市、团场属地监管，督促引导生产经营主体履行好各自质量主体责任；二是建立相关部门联合监管机制，做到监管范围和环节全覆盖，加大对违规企业惩戒力度；三是加大棉花标准化专项资金投入，推动棉花标准制修订及宣贯培训

等工作；四是进一步完善棉花目标价格政策及质量奖励办法，提高质量奖励额度，加大目标价格政策的质量导向作用；五是兵地联合开展棉花种子市场专项整治。加强品种源头管控，严把品种审定关，健全和完善品种退出机制。

6.2 发挥市场作用，建立长效机制

坚持市场主导、政府引导，继续深化农业供给侧结构性改革，充分发挥市场机制在利益联结方式、收益分配方面的决定作用。加快制定与合作社、订单农业有关的规章制度，支持和规范棉花合作社发展，切实提高组织化程度，把经营分散、规模小的棉农组织起来。建立新型经营主体，发挥供销企业和棉花协会的作用，鼓励和扶持国有龙头企业打造综合运营平台，与棉农形成利益共同体。建立兵地统一的籽棉收购市场，制定统一的收购标准，突出优质优价导向。以提质增效为目标，以深化改革为动力，以科技创新为支撑，优化区域布局，控制品种数量，加强残膜治理，强化质量全程管控，稳步提高优质棉占比，保量、提质、增效、创品牌，全面提升兵团棉花质量效益，建成我国稳定可靠的优质棉生产基地，不断增强市场竞争力和品牌影响力，满足国内、国际高品质棉花需求。

6.3 加强监督管理，加大执法力度

牢固树立"高质量棉花是种出来的"管理理念，采取源头控制、中游监

督、下游引导相结合的管理办法，严防品种多乱杂抬头。一是加强源头管控。联合自治区种子管理站，按照"质量优先、兼顾产量"的原则，大幅提升品种审定标准，全面清理已审定品种，将新疆棉花品种数量控制在 30 个以内。二是强化销售端监管。发改委、市场监督管理局、农业局加大执法力度，规范种子销售企业过度营销行为，禁止生产、经营未经审定的品种，重罚套牌、冒牌品种等不法经营行为。三是进行棉农端引导。各师棉麻公司、团场连队、合作社要加强对统一品种的宣传，通过订单农业、优质优价等形式引导棉农选择高质量的统一品种。

6.4　提升培训实效，加强人才建设

棉业振兴，人才是关键。通过盘活现有人才资源，提振各类人才参与棉业振兴的动力，充分发挥各类人才在棉花产业高质量发展中的智力支持和人才保障作用，打造一支能够担当棉业振兴使命的人才队伍，为全面提升棉花质量、加快棉业现代化提供有力支撑。第一，采取集中培训和基地培训等方式开展农工技能培训，提升农工的农业生产技能和就业技能。采取灵活多样的教学模块，通过外地考察培训、本地实践实训、线上平台自学等方式，依托"田间学校"搭建政企合作的培训平台，不断完善培育体系。第二，加大宣传培训力度，在冬季农闲期间进行专业合作社法、兵团鼓励合作社的政策、新型经营主体的典型案例的宣传培训，积极引导连队职工创办家庭农场、农业科技示范基地以及专业合作组织、专业技术协会，在项目申报、土地流转、技术指导、信贷发放等方面给予政策支持。第三，开展以提高兵团棉业信息化、棉业技术推广领域的专业技术人员和管理人员应用高新技术的能力为主的培训活动，加快推进兵团棉花生产智能化、经营信息化、管理数据化、服务在线化水平，推进兵团棉花产业高质量发展。

6.5　强化科技支撑，实施创新驱动

加快建立现代棉业科技创新体系，全面提升科技创新与应用水平，为建立现代棉业产业体系、生产体系、经营体系，提高棉花质量效益和竞争力提供强有力的科技支撑。第一，强化引领性创新。加快推进现代种业、转基因技术、智能农机装备、农业资源环境、农业信息化等关键核心科技的研发攻关，突破一批世界领先、对现代棉业有革命性影响的重大品种、技术和装备。第二，强化系统性创新。重点瞄准棉花覆膜与残膜治理重大技术需求，整合力量、协同创新、系统集成，研究提出"一揽子"综合解决方案。第三，强化整体性创新。统筹国内棉业科技资源，加强兵团棉业科技力量建设，通过农业行政与科技对接、农业科学与技术对接、农业科研与推广对接，形成农业科技共同体。第四，强化制度性创新。完善农业科技成果转化与权益分配，探索成果权益分享、转移转化和科研人员分类管理机制，提高科研人员成果转化收益分享比例，推进农业科研机构和人员分类评价，增强农业科研机构创新能力，激发科研人员创新活力。

下篇　供给侧结构性改革背景下中国纺织业绿色发展研究

7 绪 论

7.1 研究背景及意义

7.1.1 研究背景

自 20 世纪 90 年代以来，发达国家依赖石化能源增长的传统产业发展方式进入巅峰，资源环境的约束与经济增长的矛盾不断加剧，造成严重的环境污染及能源短缺问题。2008 年国际金融危机发生之后，国际市场疲软，消费萎缩，世界经济复苏整体乏力，引起国际社会对传统经济增长模式造成全球环境压力增大、超负荷生态承载力等问题的思考，联合国环境署等国际组织纷纷倡导绿色经济，并认为绿色发展不仅是各国应对金融危机的有效办法，也是各国实现可持续发展的战略选择；2009 年哥本哈根联合国气候变化大会制定的《哥本哈根协议》规定，各个国家必须正视自己的历史使命，尽可能减少温室气体的排放；2011 年联合国环境署进一步提出"绿色投资"倡议；2012 年"里约

20+"大会确定绿色发展的主题，提倡用绿色经济模式取代褐色经济模式。

中国作为增长最快的新兴工业化国家，经济高速增长依赖投资、消费和出口，长期过于倚重对需求侧的刺激与拉动，从而忽略了对供给侧的管理，"四降一升"①的经济形势日益凸显，经济增长下行压力加大，需求刺激已无法充分发挥其作用，我国经济呈现出严重的结构性问题，国内供给无法满足不断变化的消费需求，造成产品供需错配，钢铁、水泥等多个行业产能严重过剩，资源配置效率低下。2015年"供给侧结构性改革"的提出正是在扩大总需求的前提下将供给方摆在一个较为突出的地位，强调依靠全要素生产率的提高来优化要素配置及生产结构，激发创新活力，以此来实现中国经济的长期可持续增长。

当前，中国经济进入工业化后期阶段，经济增长从高速转向中高速的特征日趋显著，2015年全部工业增加值增速为5.9%，是自1992年以来最低的工业增速。作为传统制造业的代表，纺织业发展面临着生产成本上升、产品供需错配、资本边际效率下降等结构性问题，依靠资源要素投入、规模扩张的粗放发展模式难以为继，调整结构、转型升级、提质增效刻不容缓。印染业作为纺织业的重要组成部分，其废水排放量与污染物总量分别位列全国工业部门的第二位与第四位，能源消耗量占全产业的50%以上，属于典型的高污染、高排放产业。自党的十八大以来，我国将生态文明建设提到前所未有的战略高度，提出将生态文明融入到五大文明建设的各方面和全过程；党的十八届五中全会将绿色发展摆在突出位置，与创新发展、协调发展、开放发展、共享发展一道，正式上升为党和国家的执政理念；国家"十三五"规划将生态文明建设纳入重要目标，进一步表明中国在经济新常态下传统发展观的绿色转向；党的十九大提出加快生态文明体制改革，建设美丽中国的新任务，再次在国家层面上强调了绿色发展的重要性，绿色发展已经成为我国产业发展的底色要求。纺织业

---

① "四降一升"指的是经济增速下降、工业品价格下降、实体企业盈利下降、财政收入下降及经济运行的风险概率上升。

作为我国工业典型的高耗水、高排放、高污染产业之一，评价其绿色发展水平对于科学规划纺织业发展路径，优化产业结构及提高我国纺织业国际竞争力具有重要的现实意义；为我国其他传统产业的绿色发展提供借鉴，促进我国传统产业整体迈向全球价值链的中高端。

7.1.2 研究意义

7.1.2.1 理论意义

第一，提出产业绿色发展概念，丰富绿色发展理论。本篇在借鉴已有研究成果的基础上，从产业层面界定绿色发展的内涵，即在资源环境承载力允许的范围内，实现产业经济、社会与内部结构的协调发展，并通过激发创新活力实现产业持续增长的发展方式。产业绿色发展不仅注重经济、社会与生态之间的协调关系，而且强调产业发展的驱动力是科技创新。

第二，构建产业绿色发展评价指标体系。本篇在借鉴绿色发展相关文献的基础上，结合《工业绿色发展规划（2016—2020 年）》《纺织工业发展规划（2016—2020 年）》及《纺织工业"十三五"科技进步纲要》等文件要求，从资源环境承载力、科技创新及产业增长三大维度构建纺织业绿色发展评价指标体系，定量分析中国纺织业绿色发展水平及目标达成度，为其他高能耗、高污染产业绿色发展研究提供借鉴。

7.1.2.2 实践意义

第一，促进我国纺织业的转型升级。本篇从产业层面实证分析我国纺织业绿色发展水平及目标达成度，不仅便于直观了解我国纺织业的实际绿色发展水平，更能清晰判断纺织业绿色发展是否符合政府预期，有利于相关政府部门直接、客观地了解我国纺织业绿色发展的现实发展状况及所处阶段，便于及时调整政策导向，提高纺织业转型升级效率。

第二，为我国其他传统产业转型升级提供借鉴。随着资源短缺及环保压力的增加，传统产业竞争优势逐渐减弱，绿色发展成为传统产业转型升级的必由之路。纺织业作为我国典型的传统支柱产业，研究其绿色发展可为其他传统产业转型升级提供借鉴，并鼓励其他传统产业在产业发展中要注重经济、资源、环境及社会的协调发展，推动产业高质量发展，稳固我国传统产业地位并提高国际竞争力。

7.2 相关研究综述

7.2.1 国外研究综述

随着国际金融危机的爆发，各国贸易保护主义抬头，各个国家为了保护本国产品在国内市场的发展，开始对进口产品采取限制措施，相应地，本国出口产品贸易壁垒增加，加上当时国际市场发展不稳定，为了保持一定的市场份额，各国纷纷探寻新的产业发展模式。通过整理国外纺织业及绿色发展相关文献发现，研究大致分为纺织业的国际竞争力、转型升级、绿色发展内涵与绿色发展评价四部分。

7.2.1.1 关于纺织业国际竞争力的研究

国外学者研究主要集中于纺织业国际竞争力评价与影响因素方面。早期学者倾向于对产业竞争力评价的研究，Altay 和 Gacaner（2003）采用进出口数据比较法比较土耳其与中国纺织服装业在欧盟和美国市场上的竞争力，发现土耳其纺织服装业更具比较优势；Balasubramanyam 和 Yingqi（2005）运用 RCA 指数比较中国与印度纺织业的国际竞争力，结果表明中国纺织服装业的总体国际竞争力要高于印度。随后学者逐步转向纺织业竞争力的影响因素研究，Lee

（2002）指出，影响美国密歇根州纺织服装产业竞争力的六大要素，分别为产品开发、组织管理、技术与沟通、营销与国际贸易、人力资源及环境问题；Asalos Nicoleta 等（2014）、Girneata Adriana 和 Dobrin Cosmin（2015）分别对日本与欧洲的服装业竞争力展开分析，一致认为技术进步对产业竞争力起根本性作用；Muhammad（2008）以巴基斯坦纺织服装业为研究对象，实证分析得出外部融资的有效性与产业国际竞争力呈显著正相关关系；Chi-Keung Lau 等（2009）认为，政府政策及相关行业基础设施是纺织业竞争力最重要的决定因素，其次是国际需求；Lau 等（2014）认为，土耳其纺织服装业竞争力主要取决于产品差异化、国外市场环境及政府激励和支持计划的可行性。

7.2.1.2 关于纺织业转型升级的研究

国外学者主要对纺织业转型升级的路径展开研究。多变的国际环境使产业在面临发展困境的同时，也面临着很多发展机遇。因此产业转型升级不仅要有效解决现实困难，还需要充分利用市场环境，寻求新的发展契机。Ulrich Adler（2004）分别研究欧洲与德国的纺织业，认为发展外包加工业务，一方面解决了本国低端产能过剩问题，另一方面向劳动成本较低的国家转移产业可有效降低生产成本，也为本国纺织业向深层次、高附加值的方向发展提供发展空间；S. Gary Teng 和 Hector Jaramillo（2006）以南美洲国家纺织业为研究对象，认为纺织业发展应抓住全球一体化的发展机遇，在充分发挥自身优势的同时，加强与其他国家纺织业的互动与互补，寻找新的发展契机，实现合作双赢。

7.2.1.3 关于绿色发展内涵的研究

绿色发展的概念可追溯到20世纪60年代美国学者博尔丁的宇宙飞船经济理论，该理论首次提出了"循环经济"理念和"经济—社会—自然"协同发展的初始模型，在该理念基础上衍生了"资源有限性"的观点（1972年）、"可持续发展"的概念（1978年）、"绿色经济"的概念（1989年）、"低碳经济"的概念（2003年）等，均是强调经济、社会与自然的协调性，以此实现经济的可持续增长。随着人们对环境问题的认识逐渐深入，绿色发展不断被赋予新的内涵。UNESCAP（2006）认为，绿色发展是在保护环境和建立完备生态的前提下实现的经济增长，力图在满足所有人需求的同时最大限度地减小对环境的破坏；Jack Reardon（2007）认为绿色发展的核心标准是长期稳定性地运营、制造和供应的本土化，保障生态环境和资源配置的公平性；OECD（2010）指出绿色发展重点强调的是经济增长与生态环境的协调关系，是一种"边发展边治理"的新型发展模式；联合国环境规划组织（2011）将绿色发展界定为资源节约的、可持续发展的、社会包容的经济模式。

7.2.1.4 关于绿色发展评价的研究

国外对绿色发展评价主要是测度绿色发展的生产效率，常用的测度方法有索罗残差法、C-D 生产函数回归法、随机前沿模型（SFA）等。Fare 等（1989）首次提出污染变量的弱可处置性假设，利用双曲线形式的非线性规划径向测度产出效率，并以其倒数来衡量污染排放效率；Hailu 和 Veeman（2001）基于传统 DEA 模型将污染物作为投入要素测度环境效率；Zhu 和 Chen（1993）、Scheel（2001）则分别试图凭借线性、非线性转换函数将污染物转化为正常产出而纳入 DEA 模型。上述学者均不考虑环境因素或无法正确考虑环境因素会给生产率测度带来有偏的结果（Nanere 等，2007）。直到 Chambers 等（1996）、Chung 等（1997）提出了方向性距离函数，将污染排放物看作具有负外部性的非期望产出引入生产过程，首次比较合理地处理了环境因素在生产过程中的制约作用。Tone（2001）提出 SBM（Slack Based Measure）模型，考虑要素的"拥挤"或"松弛"，评价方法更具科学性。

7.2.2 国内研究综述

经梳理发现，相关文献集中于供给侧结构性改革、纺织业发展与绿色发展三个方面，其中，供给侧结构性改革主要研究改革的必要性与产业应用，纺织业发展包括产业竞争力、产业转移与产业转型升级三部分，绿色发展主要是内涵与评价方法的研究。

7.2.2.1 关于供给侧结构性改革的必要性研究

学者主要从需求不足、供给约束、供需失衡等方面探讨供给侧结构性改革的必要性。中国发展仅靠消费、投资、出口的需求方式已不能实现经济的持续增长（李佐军，2015；洪银兴，2016），需要通过供给侧改革充分释放供给侧活力，实现实体经济的回升；李翀（2016）认为，供给端的改革手段相较需求管理手段来说，更能从根本上解决需求不足的问题。还有一些学者是从供给侧本身出发，如范必（2016）和张东旭（2016）认为，中国经济发展的主要矛盾是供给约束、供给抑制和供给结构老化，供给侧活力得不到释放，供给侧结构性改革才是经济治理的药方。有些学者认为供给侧结构性改革不仅是对供给侧的改革，而且包括需求侧，更看重供需双方的匹配度，如李稻葵（2015）和迟福林（2016）认为，目前产业发展中生产与市场需求严重脱节，致使需求引导供给的作用没有得到充分发挥，供给释放需求的作用没有得到有效利用，供需错配导致资源浪费问题凸显。

7.2.2.2 关于产业供给侧结构性改革的研究

学者对三大产业供给侧结构性改革的研究成果较为丰硕，如孔祥智（2016）、黄祖辉等（2016）指出，农业供给侧结构性改革的推进应从调结构、促融合、补短板、降成本等方面抓起；黄群慧（2016）认为，中国工业增长需要从企业、产业和区域三个层面提高工业生产要素质量和创新工业生产要素资源配置机制；张志元和王梓宸（2017）指出东北老工业基地供给侧结构性改革应立足于发展活力、内在动力和整体竞争力。部分学者还针对具体产业供给侧结构性改革展开研究，如银行业发展与供给侧结构性改革研究课题组（2016）认为，银行业促进优化供给结构和提升供给效率的手段之一是盘活存量，为实体经济去产能、去库存、去杠杆、降成本、补短板提供了有力支持；

陈洋林等（2017）研究发现，通过增加保险机构和就业人员数量，扩大保险产品供给可改善居民养老保险参与率较低与供给侧不足的现象。

7.2.2.3　关于纺织业国际竞争力的研究

我国关于纺织业国际竞争力的研究可分为产业国际竞争力与区域竞争力两部分。2001 年我国加入 WTO 后，纺织业竞争形式由原先的争夺配额转变为完全凭借纺织品综合竞争力。米会龙（2006）、肖丽莉（2007）、胡一伦（2009）、叶茂升和肖德（2013）基于波特的"钻石模型"定性分析了我国纺织工业竞争力的优势及劣势；王志明（2000）认为我国纺织业具有一定的国际竞争力，但是竞争优势不明显；李莹和商悦（2009）从竞争能力、竞争潜力、竞争实力、竞争环境四个方面分析我国纺织业的竞争力，认为我国纺织业国际竞争力较强但出现弱化趋势；李双燕和赵文武（2005）、余为丽（2006）、郝凯等（2007）、任晓丽（2008）认为，中国纺织产业有较强的竞争优势，竞争优势得益于出口数量的增加，但是出口产品的品质较低；江爱情（2012）、徐燕（2015）分别对绍兴纺织业的国际竞争力及与排污权交易制度的关系进行了研究；高巍（2006）通过对中国与印度两国纺织业的比较分析，认为中国纺织业竞争力总体优于印度；谢国娥和赖颖怡（2011）通过对大陆和台湾纺织业的竞争力的比较，认为两岸的纺织品贸易存在较大的互补性；孙琪（2007）认为，我国纺织业国际竞争力与产业布局、产业体系、产业和产品结构及区域品牌建设等有关；程红莉（2008）指出，纺织业整体竞争力的提高与产业内贸易状况的改善、产业的比较优势以及我国加入 WTO 后的政策效应有关；黄慧婧（2014）分析了环境规制强度对我国纺织业国际竞争力的影响及影响强度。除了对我国纺织业国际竞争力的研究外，李豫新和刘乐（2016）、刘镜（2015）、胡征月等（2014）分析了我国新疆、浙江等省份的纺织业竞争力水平、效率及影响因素。

7.2.2.4 关于纺织业转移的研究

20世纪80年代初期，由于劳动力成本上升、货币升值以及配额不足，港台地区的纺织企业纷纷将生产基地内迁。在此期间，国内学者将研究重点转向纺织业转移，现有研究主要集中于纺织业转移的内在动因、路径及区位选择和影响因素三个方面。李颖等（2012）根据新经济地理学的产业转移理论对纺织业的区域转移动力机制做了相关研究，将全要素生产率的比较优势作为产业转移的动力和空间区位选择决策的依据；吴爱芝等（2013）通过产业中心的变化来追踪和分析产业的转移路径；茅蓓蓓（2012）通过对国际纺织产业转移历程的分析总结出我国国内纺织产业转移的路径；叶茂升和肖德（2013）、张舒（2013）分别对东部、中西部省份纺织业的技术效率、要素禀赋、产业转移成本和未来的盈利空间等比较，指出东部纺织业转移的发展路径；孟浩等（2017）基于加工产业链视角研究泛长三角纺织业的空间格局演化特征及模式；石林（2014）利用产业梯度系数法测算出纺织业是新疆未来重点承接的六大行业之一；周正柱和孙明贵（2012）从产业层面利用比较分析法对纺织工业中包含的子行业转移特征进行分析，发现不同行业转移路径不同，同时，指出纺织业转移特征与产业内企业亏损数量及劳动力转移紧密相关。除了研究产业转移的区位选择外，国内学者还关注中国东部纺织业转移过程中出现的滞缓问题。贺胜兵等（2012）基于劳动力视角指出中西部地区劳动力成本优势并没有吸引沿海地区产业大规模向中西部转移；豆建民和沈艳兵（2014）认为纺织业转移的过程中产生的负效应（如环境污染）阻碍了纺织业的产业转移；耿文才（2015）指出产业集聚与产业转移具有耦合关系，认为纺织业转移存在黏性，造成东部纺织业转移速度缓慢。

7.2.2.5 关于纺织业转型升级的研究

国内学者主要对纺织业产业升级的路径展开分析。丁珏（2010）提出纺织业可通过要素密集型逆转实现产业内升级；毛蕴诗等（2011）通过对我国大陆和台湾纺织业的对比研究，认为提高纺织产品附加值与推行绿色发展是大陆纺织业转型升级的战略途径；张伟明和于蔚（2013）根据"里兹模型"提出我国纺织业转型升级的路径；张舒（2014）通过对纺织业先行国产业转移进行分析，指出沿质量阶梯进行的产品升级是核心路径；王仲智等（2015）提出中国纺织业正处于大规模生产向高附加值转化阶段；寇建龙（2016）对浙江绍兴纺织业的发展现状及存在的问题进行分析，提出"减量、提质、增效"是实现纺织业跨越式发展的新路径；奚缨和许怀远（2013）认为企业专利战略是纺织业转型升级的方向之一。

7.2.2.6 关于绿色发展内涵的研究

国内学者将绿色发展定义为一种发展方式、一种发展观。我国最早定义绿色经济的刘思华（2011）认为，绿色发展的本质是以生态经济协调为核心的可持续发展经济；胡鞍钢和周绍杰（2014）指出绿色发展观从某种意义上讲就是第二代可持续发展观；李萌（2016）指出绿色发展不仅包括绿色经济理论、绿色环境发展理念，还包括绿色政治生态理念、绿色文化发展理念以及绿色社会发展理念；杨宜勇等（2017）提出绿色发展是对循环经济、绿色经济、可持续发展、低碳经济等理念的继承和发展；张乾元和苏俐晖（2017）认为绿色发展并不是简单地在"发展"上加上限定词或形容词，而是反映中国经济转型的根本方向；马建堂（2012）认为绿色发展的本质是通过减少对资源过度消耗，加强环境保护和生态治理，追求经济、社会、生态全面协调可持续发展；吕福新（2013）认为绿色发展的主要任务和目标是保持经济系统与环境系统、经济系统和生态系统的协调；苏利阳等（2013）首次从绿色生产、绿色产品、绿色产业三个方面界定了工业绿色发展的内涵；钟茂初（2015）认为产业绿色发展的本质内涵是从产业层面对"生态承载力"的因应。

7.2.2.7 关于绿色发展综合评价的研究

近年来，国内学者对绿色发展的综合评价从绿色 GDP 核算、绿色发展综合指数以及全要素生产率法三个方面展开研究。2004 年我国首次明确提出"绿色 GDP"的概念,将资源消耗、环境损失和环境效益纳入经济发展水平的评价体系,综合考虑自然资源和环境因素后的经济增长的"质"与"量";游士兵等(2010)从绿色 GDP、幸福 GDP、政府 GDP 角度构建了 3G-GDP 国民经济核算体系,其中绿色 GDP 主要考察资源环境对经济福利的外部经济影响;金雨泽和黄贤金(2014)从自然资源耗竭、环境污染损失、资源生态效益角度对江苏省绿色 GDP 进行核算,发现该省的绿色 GDP 与传统 GDP 同步变化。

除了绿色 GDP 核算外,绿色发展指数法与效率法是当前评价绿色发展水平的主要方法。中国绿色发展指数包含经济增长绿化度、资源环境承载潜力和政府支持度,分为中国省级绿色发展指数(2010)和中国城市发展指数(2011)两套体系。李晓西等(2014)借鉴人类发展指数,从社会经济可持续发展和生态资源环境可持续发展两大维度出发,构建了"人类绿色发展指数";李文正(2015)、郭永杰等(2015)、张欢等(2016)构建了城市绿色发展综合指数,分别实证分析陕西、宁夏、湖北等省份的绿色发展水平;何剑和王欣爱(2016)测度了产业绿色发展公平、产业绿色发展效率、产业绿色发展规模,综合评价产业绿色发展;李琳和王足(2017)、苏红键和李红玉(2017)基于产业层面对制造业绿色发展综合指数进行测度。部分学者还主张用绿色效率代表绿色发展水平,潘丹和应瑞瑶(2013)、李谷成(2014)在考虑资源和环境双重约束的基础上,分别对我国 30 个省份的农业全要素生产率进行测度;吴英姿和闻岳春(2013)、景维民和张璐(2014)基于非参数前沿分析法测算了我国工业的绿色生产率;雷明等(2012)、何枫等(2015)分别测算了中国寿险业、钢铁业的绿色效率;袁润松等(2016)则分别测算了沿黄九省、中三角、长三角区域及全国的环境效率;王兵和黄人杰(2014)、吴建新和黄蒙蒙(2016)、王凯风和吴超林(2017)、李卫兵和涂蕾(2017)利用效率法测度了我国城市的绿色发展效率。

7.2.3 相关研究评述

国内外学者对纺织业发展的研究内容大致相同，集中于纺织业竞争力评价及转型升级路径研究，纺织业竞争力评价既可用波特的"钻石模型"度量产业竞争力水平的绝对值，也可用进出口数据比较法、RCA 指数比较法横向比较测度竞争力水平的相对值。本篇梳理文献时发现纺织业转型升级路径因各个国家的发展情况不同而有所差异。对于发达国家（地区）来说，纺织业转型是通过积极发展外包加工业务，将低端环节转移到发展中国家（发展落后地区），本国（地区）纺织业通过技术投入向深层次、高技术含量、高附加值的方向发展，对于发展中国家（发展落后地区）来说，除了积极承接纺织业转移外，还需发挥自身优势创造新的发展动能。

国内外学者对绿色发展的研究集中于绿色发展概念的演变与评价等方面。随着经济与生态环境的矛盾凸显，学者对绿色发展研究的内涵更为丰富，自20 世纪 60 年代相继提出宇宙飞船经济理论、循环经济、可持续发展、绿色经济等概念，国外学者注重研究绿色发展内涵的历史演变过程，国内学者则根据我国发展的侧重点对绿色发展的内涵进行扩充。对绿色发展的测度多采用绿色全要素生产率。绿色发展的研究领域较广，因此有绿色 GDP 核算、环境质量评价、资源承载力与人类发展指数等多种评价标准。

综上所述，国内外学者关于纺织业发展与绿色发展的研究成果丰硕，但将二者相结合的文献很少。现有绿色发展研究多集中于区域绿色发展，而关于产业绿色发展的较少，尤其是某一具体产业的绿色发展研究成果更少。纺织业作为我国传统支柱产业，在我国国民经济中的地位不容忽视，但其作为我国高耗水、高排放、高污染产业之一，产业转型升级必须符合工业发展的底色要求，因此研究纺织业绿色发展对提高产业的资源配置效率与竞争力具有重要意义。

7.3 研究目标与方法

7.3.1 研究目标

本篇拟在借鉴前人研究成果的基础上，试图达到以下研究目标：

第一，清晰界定产业绿色发展的内涵。目前学者普遍将绿色发展定义为一种在保持经济效益好的同时保证资源消耗低、环境污染少的发展模式，着重强调经济发展与生态环境的关系。本篇在已有研究成果的基础上，将绿色发展的内涵进一步扩充，在强调产业发展对生态环境影响的同时，考虑了产业内部结构优化，对绿色发展赋予新的内涵，即产业发展不仅要保证资源消耗低与环境污染少，而且要以创新发展为主要驱动力，能够产生良好社会效应，这就将生态因素作为衡量绿色发展水平的一个方面，更加强调产业发展的整体效益，这与我国提出传统产业要积极走新型工业化道路的要求相吻合。

第二，全面、科学、客观地评价中国纺织业绿色发展水平。采用定性分析与定量分析相结合的方法，客观评价我国纺织业绿色发展水平及目标达成度，明晰我国纺织业绿色发展水平与绿色发展目标的差距，为未来推进纺织业绿色发展提供方向。

7.3.2 研究方法

第一，规范分析与实证分析相结合。采用规范分析法分析中国纺织业绿色发展理论，并在此基础上采用离差最大化决策法实证分析纺织业绿色发展水平及目标达成度，运用指数平滑法对纺织业绿色发展目标达成度进行短期预测。

第二，定性分析与定量分析相结合。纺织业绿色发展涉及产业经济学、生态经济学及系统学等多门学科，研究广泛而复杂，因此必须采用定性分析与定量分析相结合的方法。定性分析应用于分析中国纺织业在国民经济中的地位、发展现状及绿色发展现状等。定量分析应用于测度纺织业绿色发展水平及目标达成度，并通过定量分析结果定性分析我国纺织业绿色发展的短板，通过补短板来促进纺织业的可持续发展。

7.4 研究内容与技术路线

本篇拟从六个部分深入研究供给侧结构性改革背景下中国纺织业绿色发展研究：

第一，绪论部分。介绍本篇的研究背景与选题意义、相关研究综述、研究目标与方法、研究内容与技术路线及研究创新点。

第二，概念界定与理论基础。本章清晰界定纺织业、产业绿色发展、供给侧结构性改革的概念，并对产业结构优化理论、可持续发展理论、绿色发展理论与创新驱动理论进行系统梳理。

第三，中国纺织业发展状况。本章首先从产值比重、就业比重、出口比重情况分析纺织业在国民经济中的地位，其次从投资与产出两方面分析纺织业发展现状，最后从产业绿色发展内涵出发，从产业资源消耗、环境污染、科技创新及产业内部结构优化等方面分析纺织业绿色发展状况。

第四，中国纺织业绿色发展水平测度。本章在现有研究成果的基础上，从产业绿色发展内涵出发，从资源环境承载力、科技创新及产业增长方面构建适合评价我国纺织业绿色发展的指标体系，分别测度了纺织业绿色发展综合水平、资源环境承载力水平、科技创新水平与产业增长水平。

第五，中国纺织业绿色发展目标达成度评价。本章通过整理纺织业的相关政府文件，确定纺织业绿色发展目标，从绿色发展目标出发，定量测度纺织业历史绿色发展水平及目标达成度，并对目标导向下纺织业绿色发展水平进行短期预测，通过目标未完成情况，寻找纺织业绿色发展的短板。

第六，促进中国纺织业绿色发展的政策建议。本章根据纺织业绿色发展的短板，从供给侧结构性改革的视角下提出促进纺织业绿色发展的政策建议。

技术路线如图7-1所示。

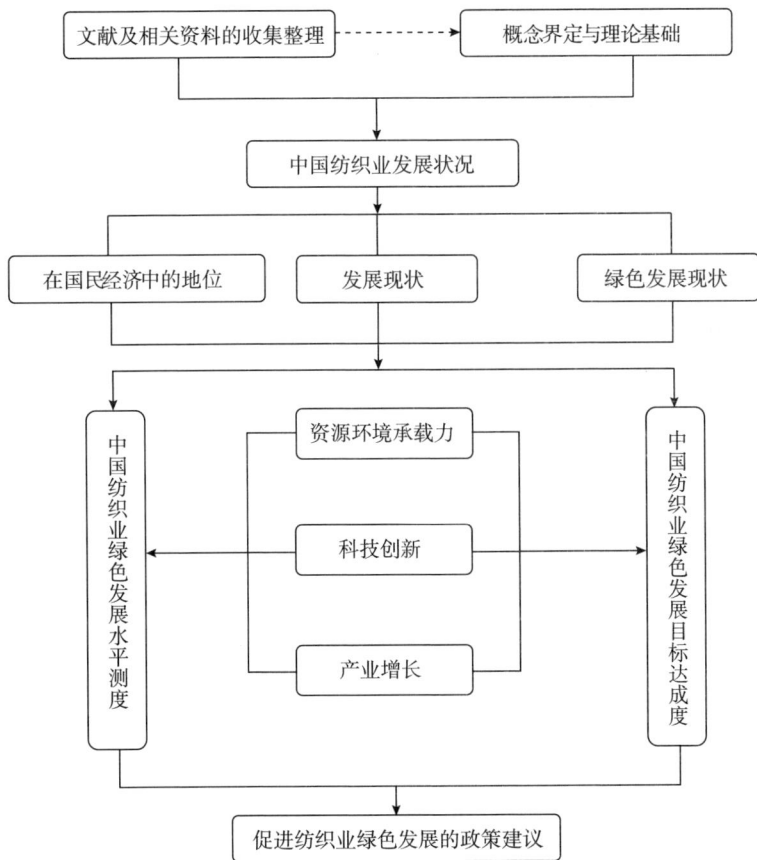

图7-1　研究技术路线

7.5　研究创新点

（1）基于产业层面对绿色发展进行研究，研究视角具有创新性。尽管诸多学者对绿色发展展开了较为深入的探讨，但大部分学者是站在宏观的角度对绿色发展的内涵、绿色发展的测度及发展路径进行研究，中观层面与微观层面的相关研究较少。本篇以纺织业为例，在清晰界定了产业绿色发展内涵的基础上，从产业层面分析我国纺织业绿色发展水平。

（2）确定纺织业绿色发展目标，定量测度我国纺织业绿色发展目标达成度，研究方法具有创新性。几乎所有研究绿色发展水平的文献都是单纯分析某一区域或者某一产业绿色发展水平的数量变化，没有权威的参照就无法科学客观地分析绿色发展实际情况的好坏。本篇通过政府相关文件的整理，确定权威的绿色发展目标，并在目标导向下对纺织业绿色发展进行分析，通过实际绿色发展水平与绿色发展目标比较，定量测度纺织业绿色发展目标达成度。

8 概念界定与理论基础

8.1 概念界定

准确理解纺织业绿色发展的相关概念是科学评价的基本前提，也是推进产业绿色发展的关键。因此在分析纺织业绿色发展之前，本篇将明晰界定纺织业、产业绿色发展及供给侧结构性改革的相关概念，为科学评价我国纺织业绿色发展水平及目标达成度奠定理论基础。

8.1.1 纺织业

自 18 世纪产业革命起，纺织业始终占据产业部门的重要地位。从工业化和经济发展的规律来看，纺织业往往是一个国家或地区工业化初期的主导产业，具有劳动密集程度高与对外依存度大的特点。纺织业可分为狭义纺织业与广义纺织业。狭义纺织业是指用天然纤维和化学纤维加工成各种纱、丝、绳、织物及其色染制品的行业。根据原料来源可将狭义纺织业分为棉纺织、毛纺织、麻纺织、丝纺织、化学纤维工业等，相对应的原料分别是棉花、羊绒与羊毛、苎麻、蚕丝、合成纤维等；根据生产工艺可将狭义纺织业分为纺纱、织布、针织及印染工业等。广义纺织业除了包括狭义纺织业的内容外，还包括服装制造业等，其主要流程为：纺纱→织布→印染布→服装。本篇的研究对象指的是广义纺织业。

我国对广义纺织业划分标准主要分为两大类：第一类为中国纺织工业联合会每年定期出版的《中国纺织工业发展报告》（以下简称《报告》）中的划分标准，该《报告》将纺织业分为化纤业、棉纺织业、毛纺织业、丝绸业、麻纺织业、长丝织造业、印染业、针织业、服装业、家用纺织品业、产业用纺织品业与纺织机械制造业 12 个细分行业；第二类为国家统计局公布的《国民经济行业分类（GB/T 4754—2017）》，广义纺织业包括纺织业与纺织服装、服饰业（以下简称纺织服装业），对应行业代码 17-18（见表 8-1）。鉴于数据的可获得性，本篇中的广义纺织业采用后一种划分标准。

表 8-1 广义纺织业分类及代码

大类代码	中类代码	类别名称
17		纺织业
	171	棉纺织及印染精加工
	172	毛纺织及染整精加工
	173	麻纺织及染整精加工
	174	丝绢纺织及印染精加工
	175	化纤织造及印染精加工
	176	针织或钩针编织物及其制品制造
	177	家用纺织制成品制造
	178	产业用纺织制成品制造

大类代码	中类代码	类别名称
18		纺织服装、服饰业
	181	机织服装制造
	182	针织或钩针编织服装制造
	183	服饰制造

资料来源：《国民经济行业分类（GB/T 4754—2017）》。

8.1.2 产业绿色发展

传统产业发展模式为"生产过程末端治理"模式，即"先污染，后治理"模式，治理技术难度大，治理成本高，产业经济发展与资源条件、环境条件与社会发展很难协调发展。产业绿色发展是以绿色发展理念为指导，以环境保护为主导，以绿色管理为保障，立足于当前经济社会发展情况和资源环境承受能力，强调产业发展整个过程中对环境的保护，并通过利用绿色生产技术，减少环境破坏与资源浪费，实现"低开采、高利用、低排放"的发展模式。长期以来，我国经济增长方式依赖物质要素投入，产业发展过于追求短期经济效益与数量型规模扩张，而忽略科技创新。随着经济进入工业化后期，粗放式发展已不适应经济形势，创新驱动代替要素驱动已成为历史必然和现实选择（张晓第，2008）。党的十八大明确提出创新驱动战略，并将科技创新摆在国家发展全局的核心位置，这要求产业发展必须围绕创新驱动战略，培育和提升企业技术创新能力，实现产业转型升级。因此，为了使我国产业在全球价值链中向"微笑曲线"的两端发展，产业绿色发展必须要实现从要素驱动向创新驱动转变，以此提高企业的研发能力并提高品牌竞争力。综上所述，产业绿色发展的内涵即产业发展在资源环境承载力允许的范围内，实现经济、社会及内部结构的协调发展，并通过激发产业创新活力实现产业持续增长的一种发展方式。

8.1.3 供给侧结构性改革

2015 年 11 月，在中央财经领导小组第十一次会议上首次提出供给侧结构性改革这一概念，此后，习近平和李克强在 G20 峰会、APEC 工商领导人峰会与"十三五"规划纲要编制会议等重要会议上也多次强调供给侧结构性改革的重要性及必要性。供给侧结构性改革是针对我国由于有效和中高端供给不足、无效和低端供给过剩造成"需求外溢"、全要素生产率低下等问题而提出的改革，是适应和引导我国经济新常态的必要手段。目前，学术界对供给侧结构性改革的概念内涵有不同的解读，为了准确把握供给侧结构性改革的科学内涵，习近平指出，供给侧结构性改革，重点是解放和发展生产力，用改革的办法推进结构调整，减少无效和低端供给，扩大有效和中高端供给，增强供给结构对需求结构的适应性和灵活性，提高全要素生产率。根据《人民日报》发表的对"供给侧结构性改革"的解读，供给侧结构性改革可分为"供给侧+结构+改革"（见图 8-1），相对应"问题—原因—对策"，典型的"三段论"逻辑路线：中国当前经济面临的主要问题集中在"供给侧"——有效和中高端供给不足、无效和低端供给过剩，问题的原因是"结构性"——包括企业结构、产业结构及区域结构等，具体表现为：企业素质结构不合理，存在大量的"僵尸企业"；国际产业链分工地位较低（低附加值环节占比高于高附加值环节占比），产业结构高度化程度低（资源型产业与资金密集型产业占比大于技术密集型产业占比），工业化与信息化、制造业与服务业融合水平有待提升；"走出去"步伐缓慢，国际化程度不高，东部与中西部区域发展差距较大，生产要素配置、区域分工合理度均需进一步提高。供给侧结构性改革正是通过制度完善、机制创新、技术改造等措施加强对自然资源、劳动力、资本及技术等生产要素投入的管理来优化要素配置和调整生产结构，长期解决经济增长的动力，从而提高经济潜在增长率。

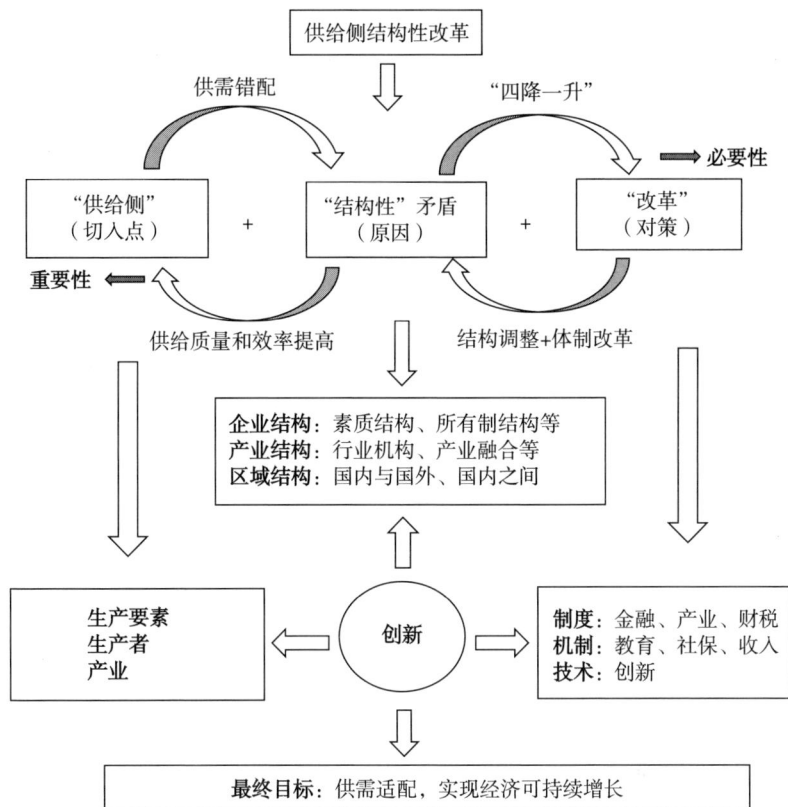

图 8-1　供给侧结构性改革概念逻辑

8.2　相关理论

本节对产业结构优化理论、可持续发展理论、绿色发展理论及创新驱动理论进行系统梳理，形成了本篇的理论基础。

8.2.1 产业结构优化理论

产业结构是指国民经济中产业的构成及其相互关系，存在广义和狭义之分。狭义的产业结构内容主要包括构成产业总体的产业类型、组合方式，各产业之间的经济技术联系，各产业的技术基础、发展程度及其在国民经济中的地位和作用。广义的产业结构除了包括狭义产业结构的内容之外，还包括产业之间在数量比例上的关系、在空间上的分布结构。产业结构优化指的是推动产业结构合理化和产业结构高度化发展的过程，产业结构合理化是产业之间由不协调走向协调的过程。产业高度化是产业结构由低层次向高层次演进的过程，产业结构的发展是由劳动密集型产业、资本密集型产业、技术密集型产业依次转变的过程，也是由低附加值产业向高附加值产业逐渐演进的过程。本篇研究的产业结构主要指的是产业的内部结构，包括原料结构、产品结构与区域结构等，其中产业的原料结构及产品结构优化体现的是产业内部结构高级化，区域结构优化强调的是产业发展在区域分配上的协调性，即产业内部结构合理化。

8.2.2 可持续发展理论

1972 年，在斯德哥尔摩世界环境大会上首次提出可持续发展理论。全球经济变暖使各国开始注重环境问题，目前，可持续发展已经成为各国发展的共识。1987 年，挪威首相向联合国提交了《我们共同的未来》的研究报告，将可持续发展定义为既能满足当代人的需求，而又不损害后代人满足其需求的能力。可持续发展理论强调的是经济增长与环境保护的协调关系，要求经济增长不以牺牲生态环境为代价，而是依靠科学技术进步推动，是以"低投入、低消耗、低污染"为特征的经济增长方式。可持续发展包括生态持续发展、经济持续发展和社会持续发展，其中生态持续发展是基础，经济持续发展是条件，社会持续发展是目的。

8.2.3 绿色发展理论

绿色发展的理论精髓是生态经济协调发展理论，中国的生态经济协调发展理论由著名经济学家许涤新首次提出。他指出，人类不能盲目只追求经济的发展，而忽视了环境的作用，环境的平衡才是经济发展的保障。该理论的主要内容是研究人类的经济活动如何与自然生态环境相协调的问题，归根结底研究的是人与自然的协调。生态经济协调发展理论是生态经济学的核心理论。它是建立在生态学和经济学理论基础上新的发展理论，揭示了经济与生态之间的联系和规律。生态经济协调发展理论要求经济、社会和生态的可持续发展，着重从宏观经济的角度进行经济发展方式的转变，最终目标是实现经济、资源与环境的和谐发展。

8.2.4 创新驱动理论

熊彼特的创新理论认为，创新是将生产要素与生产动力进行新的组合、构建新的生产关系，将生产要素和生产条件融入到经济体系中解释经济发展的内容，即经济发展就是社会不断地将生产动力与生产原材料进行重新组合的过程。创新是社会经济不断发展进步的动力源泉，创新发展使经济发展具备更大的发展潜力。通常，国家经济增长动力由要素驱动、投资驱动及创新驱动依次演变。全球一体化的提出使国际市场竞争激烈，世界各国纷纷将创新提升到国家发展战略。党的十八大报告将创新驱动发展战略提升为国家发展理念，我国经济正经历要素驱动、投资驱动向创新驱动的转变。创新驱动是利用知识、技术等实现新的生产要素组合，提高资源的配置效率，其本质是人才驱动，核心是科技创新，是技术模仿向自主研发转变的过程。

8.3　供给侧结构性改革与绿色发展的关系

供给侧结构性改革与绿色发展呈相互促进、相互补充的关系，供给侧结构性改革为绿色发展提供发展思路，而绿色发展是供给侧结构性改革的重要抓手。

8.3.1　供给侧结构性改革为绿色发展提供发展思路

目前，绿色发展已经成为 21 世纪世界经济发展的趋势，绿色发展成为各国经济增长的新动力，旨在强调经济增长与资源环境承载力的协调关系，这就要求我国经济发展要从"先污染，后治理"的传统模式转换为"边污染，边治理"的新型发展模式，需要抓住新一轮科技革命和产业革命中孕育的新机遇，在体制机制及核心技术上突破，将创新潜力与动力释放出来，用创新的动力加速经济结构的转型，将绿色发展切实融入到经济建设中。

供给侧结构性改革主要是对劳动力、土地、资本及制度等供给侧要素进行结构调整，提高供需匹配度，提高资源配置效率。绿色发展也正是从这些要素入手，在劳动力方面，通过培训再教育提高劳动力素质，使劳动力聚集在科技含量较高的产业上，扩大我国创新科研人员的队伍；在土地方面，深化土地管理供给侧改革，实现土地资源利用的最大化，在推进城镇化进程中避免出现由于城市外延面积扩大而导致绿地变少的情况；在资本方面，通过绿色金融加大对生态产业的资金扶持，引导社会资本流入绿色产业；在制度方面，制定激励长效机制，赏罚分明的制度有利于调动社会成员自主参与绿色发展的积极性，不仅降低政府的监管成本，也会促进绿色发展的可持续。同样，供给侧结构性改革的"四则运算"也适用于绿色发展,"加法"要求绿色发展补齐短板,实现经济、自然与社会的可持续发展;"减法"要求绿色发展要充分考虑企业实际情况,尤其是中小企业,通过营造良好的政策发展环境,降低企业经营成本,让企业有更多的资金投入到科技创新中去;"乘法"要求绿色发展以科技创新为驱动力,打造产业发展新动力,提高科技应用率,增加产品附加值,提升产业竞争力;"除法"要求绿色发展淘汰低端产能,根据消费需求将资源运用到消费者真正需要的地方去,解决无效产能过剩而有效供给不足的局面,避免资源严重浪费。综上所述,无论是供给侧结构性改革的改革对象还是改革手段,都为绿色发展提供了发展思路,提高了绿色发展在经济发展中的应用性。

8.3.2 绿色发展是供给侧结构性改革的重要抓手

供给侧结构性改革是通过"去产能、去库存、去杠杆、降成本、补短板"等措施对经济结构性问题进行改革,旨在打造绿色与高效的经济版图。绿色发展要求经济发展须以"低消耗、低污染、低排放"及"高效率、高效益、高循环"为特征,主张通过优质生态产品的有效供给实现补短板,可以看出绿色发展的总体目标、主攻方向和工作重点与供给侧结构性改革的目标使命、价值诉求和基本路径具有双重叠加性与高度竞合性(严勇和周建华,2018)。中国的产能过剩已成为制约经济发展的重要难题,尤其是中国的重工业如钢铁、冶金、煤炭等产业因产能落后、产能过剩、动力不足等原因都已发展到了瓶颈期,归结其原因,存在两方面的问题:一方面是市场供给与需求之间的矛盾,所生产的产品质量、种类不能与市场需求相匹配的矛盾。如果产业不顾及市场需求进行饱和生产,产品无法被市场消化,那么就会产生库存问题。另一方面是产业布局和产业结构不合理的矛盾。各个产业之间的比例失调加大了市场交易成本,造成市场供需的不匹配,制约了经济发展的速度。而绿色发展通过环境保护监管机制可以有效淘汰落后产能,提高环境准入门槛,加强对企业环境评价，能够有效推动企业的优化升级。同时，产品的绿色发展能够有效刺激市场需求，满足消费者对生态产品的需求，因此绿色发展是供给侧结构性改革的重要着力点和发力点。

9 中国纺织业发展状况

"十三五"时期是我国建成纺织强国的冲刺阶段，也是实现纺织业结构升级的关键时期，全面综合了解纺织业的发展状况是科学评价纺织业绿色发展水平的前提，因此本章从纺织业在国民经济中的地位、发展现状与绿色发展现状等方面综合分析我国纺织业发展状况。

9.1 中国纺织业在国民经济中的地位

近年来纺织业传统优势虽有所减弱，但在促进经济增长、带动就业及创造外汇等方面仍发挥重要作用，其国民经济支柱产业的基础性地位没有动摇。

9.1.1 纺织业工业总产值占国内生产总值比重

如图 9-1 所示，2008～2016 年我国规模以上纺织企业工业总产值逐年上升，从 2008 年的 3.08 万亿元增长到 2016 年的 6.40 万亿元，增长了 1.07 倍，年均增长 9.55%，但其占全部工业总产值的比重与其占国内生产总值的比重总

体呈小幅下降趋势。其中，纺织业工业总产值占全部工业总产值的比重先是从
2008 年的 6.08%下降到 2013 年的 5.38%，随后逐步上升，2015 年后纺织业工
业总产值占全部工业总产值的比重超过 5.5%；纺织业工业总产值占国内生产
总值的比重在 2011 年后下降速度逐步放缓，2011 年我国纺织业工业总产值为
4.62 万亿元，占国内生产总值的比重为 2.18%，2016 年纺织业工业总产值占
国内生产总值的比重下降到 1.85%。虽然随着新兴产业的迅速发展，纺织业对
促进经济增长的效用逐步减弱，但其对促进我国经济增长仍发挥重要作用。

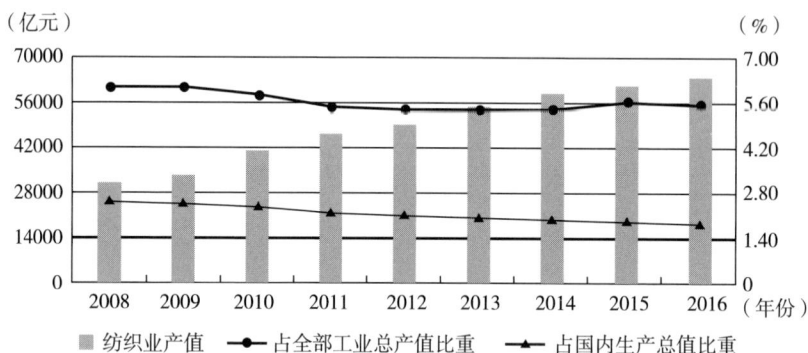

图 9-1　规模以上纺织业工业企业经济发展状况

注：2012 年后《中国统计年鉴》不公布纺织业工业总产值数据，2012~2016 年纺织业总产值由纺
织业销售值代替。

资料来源：《中国统计年鉴》。

9.1.2　纺织业就业人数占全国就业人数比重

纺织业作为劳动密集型产业的代表，也是世界上拥有最完整产业链的产
业，带动就业能力较强，但当前纺织业对劳动力的要求已经从对数量和低价的
追逐转型为对质量和服务的追求，而我国纺织业现有的行业人才根本无法满足

市场对于高端产品的需求，导致纺织业带动就业的能力逐步减弱。由于数据的可获得性，本篇用规模以上纺织企业就业人数代替纺织业就业人数，并且为了反映纺织业带动就业的现实状况，本篇用规模以上纺织企业就业人数与规模以上工业企业就业人数的比值衡量纺织业带动就业的能力。如表 9-1 所示，2008年我国纺织业就业人数为 1110.76 万，占工业总就业人数比重为 12.57%，受 2008 年国际金融危机的影响，2009 年纺织业就业人数减少了 44.41 万，但在工业总就业人数的占比仍保持在 12% 以上。随着近年来用工成本的增加，2010~2016 年纺织业就业人数及其在工业就业总人数的占比逐年降低，2016年纺织业就业人数为 866.71 万，占工业就业人数的比重为 9.15%，就业人数比 2008 年减少了 240 余万人，就业比重下降了 3%，纺织业拉动就业的能力不如以前。但 2014 年新疆维吾尔自治区（以下简称自治区）实施了"新疆纺织业带动百万人就业"工程，仅 2015~2016 年就解决了新疆超过 20 万人的就业问题，说明纺织业对我国就业仍具有较强的带动作用。

表 9-1　规模以上纺织企业就业情况　　　　单位：万人，%

年份	纺织业就业人数	工业企业就业人数	纺织业就业人数占工业企业就业人数比重
2008	1110.76	8837.60	12.57
2009	1066.35	8831.20	12.07
2010	1094.32	9544.70	11.47
2011	971.24	9167.30	10.59
2012	956.36	9479.38	10.09
2013	941.48	9791.46	9.62
2014	952.39	9977.21	9.55
2015	913.94	9775.02	9.35
2016	866.71	9475.57	9.15

资料来源：《中国工业统计年鉴》。

9.1.3 纺织品服装出口额占全国商品出口额比重

中国作为全球最大的纺织品生产国和出口国之一，近年来纺织品服装出口额均在 2500 亿美元以上，占全国商品出口额比重也保持在 12% 以上，说明纺织业具有一定的创造外汇能力。从出口规模来看（见图 9-2），2008～2020年我国纺织品服装出口总额呈倒"U"形的发展趋势，2008 年我国纺织品服装出口贸易总额为 1896.24 亿美元，2014 年达近年来的最大值，出口贸易额为 3069.58 亿美元，2020 年纺织品服装出口总额下降为 2912.22 亿美元。从纺织品服装出口总额的占比情况来看，我国纺织品服装出口总额占世界纺织服装出口总额的比重较为平稳，2008 年纺织品服装出口额占世界纺织服装出口总额的比重为 30.35%，2019 年纺织品服装出口额占世界纺织服装出口总额的比重为 33.9%，变化幅度较小。

图 9-2　中国纺织品服装出口状况

资料来源：《中国纺织工业发展报告》。

9.2 中国纺织业发展现状

9.2.1 固定资产投资增速放缓

近年来，我国纺织业投资意愿呈先下降后上升再下降趋势。根据《中国纺织工业发展报告》记录，2008~2020 年规模以上纺织企业固定资产投资额及新开工项目数呈稳步上升趋势，但 2011 年后投资增速逐步放缓。如图 9-3 所示，2020 年纺织业固定资产投资额达 11583.57 亿元，是 2008 年固定资产投资额的 4.04 倍。2008~2020 年新开工项目数呈波浪上升趋势，2011 年为新开工项目数的波峰，新开工项目数为 13715 个，2008 年受国际金融危机的冲击，国内

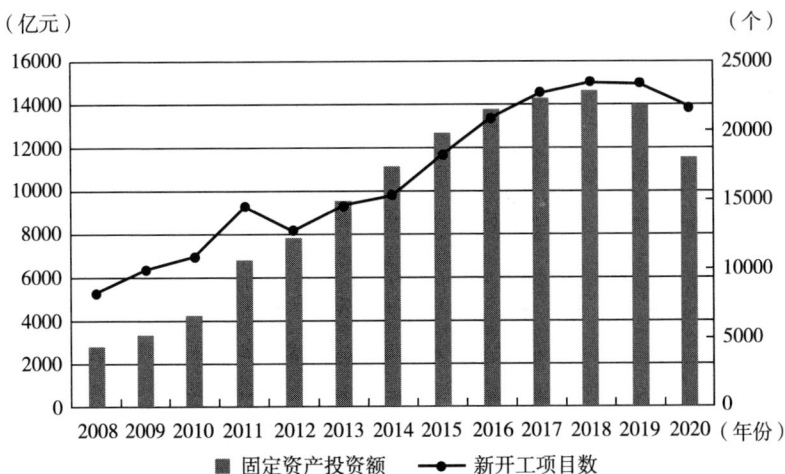

图 9-3　2008~2020 年中国纺织业固定资产投资状况

资料来源：《中国纺织工业发展报告》。

外市场波动较大，纺织企业对市场信心下降，投资意愿减弱，新开工项目数有所下降，2014 年之后企业市场信心回升，并以年均 15.24% 增速发展，2020 年开工项目数 21719 个。2011 年之后投资增速放缓可能是由于纺织业综合成本的上升及环保压力增大，使企业利润空间进一步减小，纺织企业的投资意愿不强。2014 年 7 月，自治区实施"新疆纺织业带动百万人就业"工程，并出台了一系列超常规支持纺织服装行业的政策，如电价优惠、税收优惠等，大大减轻了企业的生产成本，吸引了很多内地企业入疆投资，增加了内地企业与本土企业对纺织市场的信心，固定资产投资及新开工项目同步上升。

9.2.2　主要产品生产规模不断扩大

我国纺织业主要产品生产规模不断扩大，但随着产业链的延伸，相应产品的产量逐渐下降。如表 9-2 所示，纺织业主要产品中增长幅度较为明显的产品有纱与布，其产量分别从 2008 年的 2055.72 万吨、723.05 亿米增长至 2020 年的 2618.28 万吨、459.19 亿米，变化幅度分别为 27.37%、-36.49%。2019 年绒线、丝、服装的产量分别为 19.44 万吨、6.86 万吨、245.27 亿件。根据主要产品产量可以看出，我国纺织品多集中于产业链上游产业，主要产品技术含量低、附加值低。

表 9-2　2008~2020 年中国纺织业主要产品产量

年份	纱（万吨）	布（亿米）	绒线（万吨）	呢绒（万米）	丝（万吨）	服装（亿件）
2008	2055.72	723.05	38.13	85040.15	21.21	362.91
2009	2266.45	753.42	32.55	49506.01	16.65	237.50
2010	2572.82	800.00	29.90	56630.00	16.20	285.21
2011	2717.86	814.14	30.40	51835.60	10.80	254.20
2012	2984.00	848.94	39.23	47872.18	12.60	267.28

年份	纱（万吨）	布（亿米）	绒线（万吨）	呢绒（万米）	丝（万吨）	服装（亿件）
2013	3200.00	897.59	37.93	49423.89	13.71	276.59
2014	3379.20	893.68	40.70	60003.30	16.73	298.95
2015	3538.00	892.58	40.40	63326.10	17.21	308.27
2016	3732.60	906.75	41.20	46388.12	15.14	298.37
2017	3191.39	691.05	41.03	45393.20	14.18	278.18
2018	3078.88	698.47	20.47	47300.15	8.65	253.18
2019	2827.16	555.19	19.44	48989.14	6.86	245.27
2020	2618.28	459.19				

资料来源：《中国工业统计年鉴》（2009~2020 年）、《中国统计年鉴 2021》。

9.2.3 经济效益与运行质量不断提高

从经济效益来看，2008~2020 年我国纺织业经济效益发展总体向好（见表 9-3），短短几年，我国大中型纺织企业主营业务收入就增长了将近 1 倍，由 2008 年的 16487.85 亿元提高到 2020 年的 31328.30 亿元；2008~2020 年，大中型纺织企业的利润总额增长了将近 1 倍，2020 年利润总额为 1644.50 亿元。从运行质量来看，2011 年之前大中型企业的总资产贡献率直线上升，由 2008 年的 14.01%上升为 2011 年的 19.64%，2011 年之后发展较为稳定；2008~2014 年大中型企业的资产负债率逐渐下降，资产负债情况逐步好转；纺织业大中型企业工业成本费用率呈倒 "U" 形趋势，2010 年工业成本费用利润率达到最大值，表明企业生产成本产生的利润最高，2010 年后工业成本费用利润率小幅下降，说明纺织业成本增速略快于利润增速，由于纺织业综合成本的上升，单纯依靠要素投入带动产业经济效益增长的发展方式已不适用，产业发展需要寻求新的利润点以实现利润最大化。

表 9-3 2008~2020 年纺织业大中型企业主要经济指标

单位：亿元，%

年份	主营业务收入	利润总额	总资产贡献率	资产负债率	工业成本费用利润率
2008	16487.85	867.45	14.01	55.39	6.18
2009	17783.79	1127.80	15.37	53.39	7.57
2010	22655.70	1760.47	17.91	52.48	9.17
2011	31076.33	2289.79	19.64	51.62	8.56
2012	34483.12	2339.53	18.29	50.96	7.63
2013	38185.49	2329.02	17.12	51.17	6.81
2014	41757.34	2742.34	18.29	47.95	7.30
2015	43762.38	2782.74	—	—	—
2016	45190.20	2854.96	—	—	—
2017	38789.63	2400.23	—	—	—
2018	31264.70	1844.50	—	—	—
2019	30648.50	1555.60	—	—	—
2020	31328.30	1644.50	—	—	—

资料来源：《中国统计年鉴》（2009~2021）。

9.3 中国纺织业绿色发展现状

从产业绿色发展的内涵出发，分别分析纺织业的资源消耗、污染排放、科技发展及产业增长情况。狭义的产业增长注重产业经济效益发展状况，广义的产业增长不仅包括产业经济效益增长，还包括产业内部结构优化及产生的社会效益等状况。

9.3.1 资源对产业发展约束力逐步减弱

近年来，资源条件对我国纺织业发展的约束力是逐步减弱的。我国纺织业

能源消耗和水资源消耗总量较大，分别约占全国规模以上工业企业的 4.0% 和
2.4%，资源的依赖程度较高。如图 9-4 所示，2008 年纺织业能源消耗
7121.72 万吨标准煤，用水量为 92.7 亿吨，单位产值能源消耗为 0.231 吨标准
煤/万元，单位产值用水量为 30.07 吨/万元。2016 年纺织业能源消耗 8239 万
吨标准煤，用水量为 80.64 亿吨，单位产值能源消耗为 0.129 吨标准煤/万元，
单位产值用水量为 12.61 吨/万元。可以看出，近年来我国纺织业水资源节约
效果明显，无论是用水总量还是用水强度都呈下降趋势，2008~2016 年分别下
降了 12.06 亿吨、17.46 吨/万元，能源消耗总量虽然增加了 1117.28 万吨标准
煤，但是单位产值能耗减少了 0.102 吨标准煤/万元。

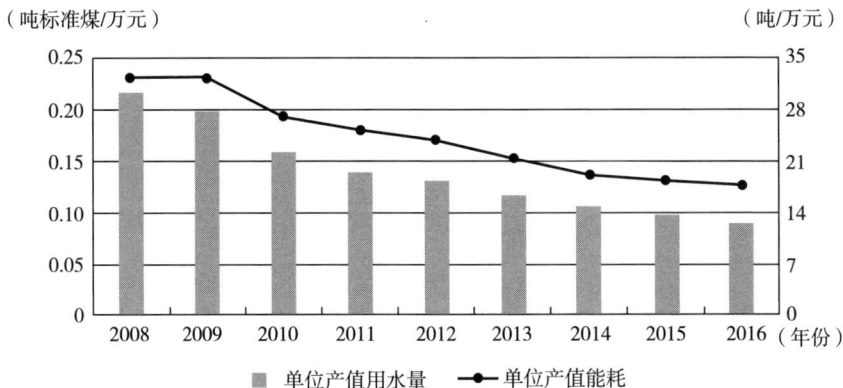

图 9-4 中国纺织业资源消耗状况

资料来源：《中国能源统计年鉴》。

9.3.2 主要污染物排放下降

随着绿色发展的推进，纺织业主要污染物排放下降，环保效果越发明显。
如表 9-4 所示，从我国纺织业主要污染物的排放总量来看，2008~2016 年

"三废"排放总量变化趋势呈倒"U"形。2008年废水排放量为245606万吨，2011年废水排放量上升到260680万吨，2016年下降为189436万吨。2008年废气排放量为3643亿标立方米，2011年废气排放量最大，为4985亿标立方米，随后下降至2016年的2993亿标立方米。2008~2016年固体废弃物产生量下降了124.6万吨。从主要污染物的排放强度来看，"三废"排放强度逐年下降，其中废水排放强度下降速度最快，2008~2016年下降了62.86%，废气排放强度下降速度次之，单位产值固体废弃物产生量下降速度最慢。

表9-4　中国纺织业主要污染物排放情况

年份	废水排放量（万吨）	废水排放强度（万吨/亿元）	废气排放量（亿标立方米）	废气排放强度（亿标立方米/亿元）	固体废弃物产生量（万吨）	单位产值固体废弃物产生量（吨/亿元）
2008	245606	7.97	3643	0.12	855.00	277.34
2009	253844	7.60	3675	0.11	779.00	233.12
2010	257509	6.31	3434	0.08	809.83	198.30
2011	260680	5.64	4985	0.11	719.9	155.85
2012	254321	5.19	3368	0.07	718.9	146.78
2013	220025	4.01	3071	0.06	717.4	130.84
2014	213922	3.64	3133	0.05	699.4	119.02
2015	201679	3.27	3063	0.05	714.9	115.87
2016	189436	2.96	2993	0.05	730.4	114.21

资料来源：《中国环境统计年鉴》。

9.3.3　产业发展动力从要素驱动逐步转向创新驱动

目前我国纺织业"不平衡不充分"发展问题日益凸显，单纯依靠资源要素投入及规模扩张的粗放发展模式已难以为继，转换产业发展动力刻不容缓。通常用规模以上工业企业研究与试验发展经费（以下简称R&D经费投入强度）来衡量企业创新程度。如图9-5所示，2008~2016年狭义的纺织业、纺织服装业的R&D经费投入强度发展趋势呈"U"形，2011年达最低值，R&D

经费投入强度分别为 0.42%、0.22%，之后分别以年均 5.77%、15.39%速度增长，2016 年我国狭义纺织业与纺织服装业 R&D 经费投入强度分别为 0.54%、0.45%。根据《中国科技统计年鉴》记载，2016 年我国纺织业专利申请数达 27128 件，比 2008 年增加了 16265 件；发明专利申请数占比 23.25%，比 2008 年占比增长了 83.41%；有效发明专利数 11936 件，是 2008 年的 5 倍。虽然 R&D 经费投入强度规模不断增加，但还有很大的提升空间。

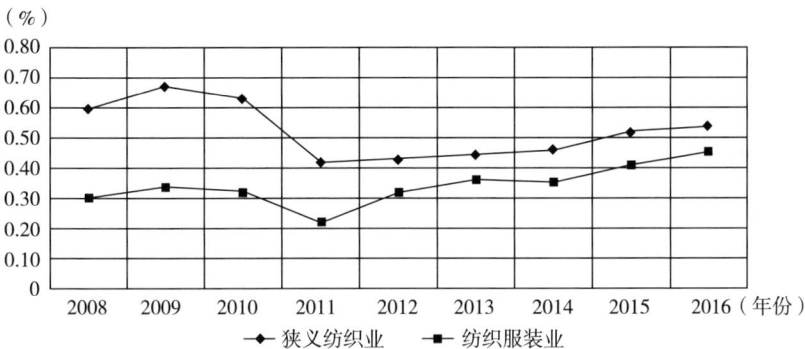

图 9-5　中国纺织业 R&D 经费投入强度状况

资料来源：《全国科技经费投入统计公报》。

9.3.4　产业内部结构逐步优化

近年来，纺织业逐步呈"全方位、多维度、深层次"结构调整，产业内部结构不断优化。纺织业的内部结构包括原料结构、产品结构与区域结构等。从纺织业的原料结构来看，自 2014 年以来，化学纤维加工量占全国纤维加工量的比重超过 82%，原料结构不断优化。产业用纺织品作为纺织业中技术含量高、应用范围广、市场潜力大的战略性新材料的重要组成部分，是我国纺织业主要经济增长极，2008~2016 年，纺织业产品结构不断调整，服装、家纺、产业用纤维加工量比重由 2008 年的 51∶32∶17 调整到 2016 年的 45.57∶27.68∶26.75，产品结构逐步优化。如图 9-6 所示，纺织业固定资产投资的区域结构由 2008 年东部地区占比 50.60%、东北地区占比 6.48%、中部地区占比 33.40%、西部地区占比 9.52% 调整为 2016 年东部地区占比 57.04%、东北地区占比 3.22%、中部地区占比 30.00%、西部地区占比 9.74%。如图 9-7 所示，中部地区和西部地区规模以上纺织企业主营业务收入占比之和由 2008 年的 13.39% 增长到 2016 年的 25.47%，产业区域结构优化效果凸显。

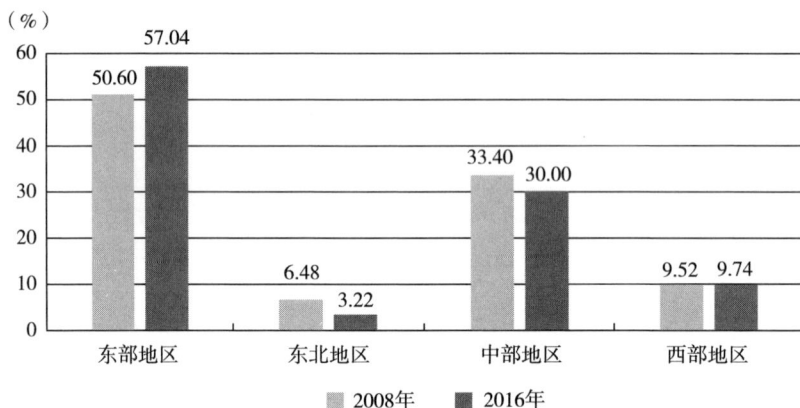

图 9-6　2008 年和 2016 年纺织业固定资产投资区域结构

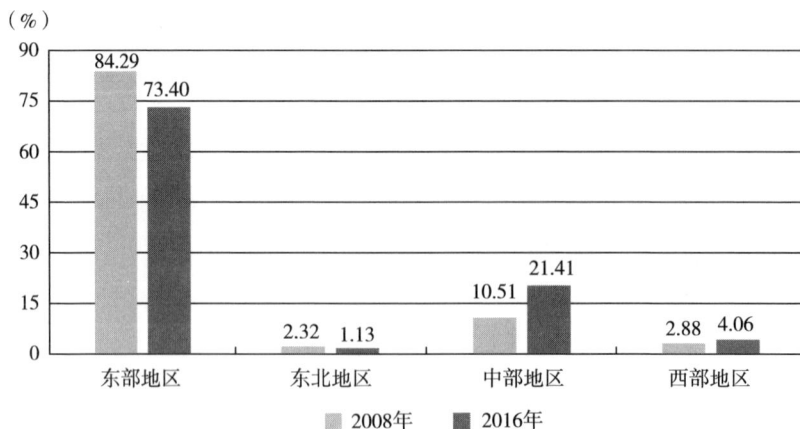

图 9-7　2008 年和 2016 年纺织业主营业务收入区域结构

资料来源：《中国纺织工业发展报告》。

9.4 中国纺织业发展存在的主要问题

9.4.1 综合成本持续上升

劳动用工成本持续上升。受到人口结构及就业偏好改变影响，纺织业用工价格持续上升已是常态。根据中国纺织工业联合会组织的《企业经营者跟踪调查》结果，66.1%的样本企业 2015 年用工成本较 2014 年有所上升。目前，沿海地区纺织企业人均月工资已达 3500~5000 元/月，是越南的 2~3 倍，是孟加拉国的近 5 倍。工业用电价格偏高。目前内地纺织企业用电价格普遍为 0.7元/千瓦时，是越南波谷电价的近 3 倍，波峰电价的 1.2 倍。

融资成本高。中小企业融资的政策并未有效落实，中小纺织企业融资难、融资贵的问题并未有效改善。目前纺织企业获得贷款利率普遍较基准利率上浮30%左右，综合融资成本平均超过 6%，部分企业高达 10%以上，而我国纺织企业在境外投资的融资成本仅有 2%~3%。

9.4.2 环保任务艰巨

国家对纺织行业污染物减排的监管要求日益严格，客观上增加了纺织企业的压力。受环保因素影响最大的印染业近年来发展明显放缓。2020 年规模以上印染企业产量为 525.03 亿米，同比下降 2.43%（见图 9-8）。2008~2020 年印染布产量 8 年出现负增长，尤其是 2018 年之后，印染布产量下降，反映出纺织产业链上重要的中间环节发展空间不断缩减，对产业升级发展形成严重制约。

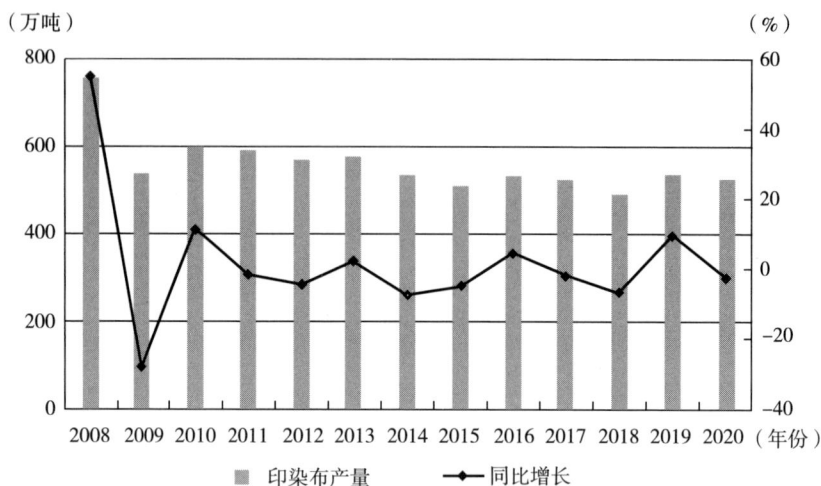

图 9-8 规模以上企业印染布产量及增长情况

纺织业化解环保压力难度较大,既有自身的原因,也有外部环境因素。从行业自身来看,各种清洁生产技术,特别是污水深度处理技术仍存在应用成本过高难题。纺织企业当前生产经营压力较大,资金普遍紧张,一些地方金融机构以环保为由,对印染企业技术改造项目不予信贷支出。在技术改造投入较高的情况下,企业资金不足的问题更加突出,严重制约了产业升级改造进度。从外部来看,自 2013 年纺织染整、毛纺、麻纺、缫丝工业水污染物排放强制性新标准正式实施以来,化学需氧量排放浓度的限值要求提高,并新增了部分限制指标。由于新标准执行不设过渡期,而园区化搬迁、集中处理设施设备、企业整合重组等措施都需要一定的工程,造成纺织业尤其是印染企业的环保压力加大。新标准实施以及污染排放总量控制政策使地方政府环保压力增加,有些地方环保部门为完成总量减排任务,监管措施缺乏差异化,造成印染行业准入、用地、融资等多方受限。

9.4.3 国际竞争压力不断加大

近年来，国际纺织产业分布格局不断发生重要调整。发达国家利用工业基础设施和智能制造技术优势，加大了对纺织产业高端进行再造的力度，东南亚、南亚等发展中国家依托劳动力等要素成本优势，加速扩大纺织制造规模。区域自由贸易进程加快推进，跨太平洋伙伴关系协定（TPP）初步达成，越南等国参与其中，协定拟对纺织品采取"从纱认定"原产地规则，均将对纺织业国际采购订单及产能布局向东南亚转移起到重要助推作用。

产业布局的新调整使国际竞争更显激烈，我国纺织业在综合成本高的情况下，参与国际竞争的压力十分突出，在主销市场所占份额有所下降。2015年，我国在美国、欧盟和日本三大传统市场纺织品服装进口中占比分别为38.6%、36.8%和64.5%，较2014年分别下降0.3%、1%和3%，同期，越南、孟加拉国、印度尼西亚三国在日本纺织品服装进口总额的比重比2014年同期提高2.4%，越南、印度、孟加拉国三国在美国占比提高1.3%。

9.5 本章小结

通过本章对中国纺织业发展状况的全面分析，得出以下结论：

第一，从纺织业的产值比重、就业比重与出口比重分析，发现我国纺织业促进经济增长的效用、带动就业的能力及出口创汇增速呈不同程度下降趋势，但总体来看，其在国民经济中支柱产业的基础性地位没有动摇，对促进我国经济增长、拉动就业及创造外汇等方面仍发挥着重要作用。

第二，从投资与产出两方面分析我国纺织业的发展现状，发现目前我国纺织企业投资意愿呈先下降后上升趋势；主要纺织品随着产业链的延伸相应产量逐渐减少，主要产品技术含量低，附加值较低；产业经济效益虽呈上升趋势，但增速逐渐放缓，未来纺织业发展需要通过科技创新寻求新的利润点。

第三，近年来纺织业资源消耗总量虽有增加，但资源消耗强度呈下降趋势；纺织业"三废"排放总量及排放强度均呈下降趋势；创新投入强度增加并且创新产出数量增加；产业的原料结构、产品结构及区域结构逐渐优化。

10 中国纺织业绿色发展水平测度

　　根据《中国生态环境统计年报》发布的数据，2016 年我国纺织业废水排放量为 18.9 亿吨，化学需氧量排放量为 19.74 万吨，氨氮排放量为 1.5 万吨，均位列工业相应污染物排放量的前 4 位，污染排放问题较为突出，迫切需要加快构建资源消耗低、环境污染少、科技含量高及产业结构优化的绿色发展体系。本章系统梳理了关于绿色发展评价的相关文献，结合纺织业绿色发展状况的定性分析，构建了一套适合评价纺织业绿色发展的指标体系，从资源承载能力、科技创新及产业增长三大维度综合评价纺织业绿色发展水平，并分别分析纺织业的资源集约能力、减排能力、污染治理能力、创新投入及产出、产业经济效益、产业内部结构优化程度与社会效益等，多方面、全方位地评价纺织业绿色发展水平，这不仅能真实反映我国纺织业绿色发展的状况，而且为未来推进纺织业绿色发展提供方向。

10.1 指标体系构建

10.1.1 构建原则

产业绿色发展内涵涉及资源、环境、创新及产业自身发展等多个方面，每个方面又涉及多项内容。因此，必须在科学原则的指导下才能设计出合理的评价指标体系。构建纺织业绿色发展评价指标体系，要遵循科学性原则、系统性原则及可操作性原则。

10.1.1.1 科学性原则

纺织业绿色发展评价的结果是否准确、合理，很大程度取决于评价指标的选取以及评价方法的选取是否科学。纺织业绿色发展指标体系的科学性原则主要包括准确性和完整性两个方面。准确性要求绿色发展评价指标概念要准确，尽可能地减少或避免主观臆断；指标体系的层次和结构应合理，各级指标之间应协调统一地为整个评价体系服务。完整性要求纺织业绿色发展评价指标体系应紧紧围绕纺织业实际绿色发展状况，全面综合评价我国纺织业绿色发展水平。

10.1.1.2 系统性原则

系统性原则要求绿色发展指标的选取不但要具有足够的覆盖面，还要结合产业特征，选取具有一定代表性的指标；从产业绿色发展内涵出发，厘清纺织业绿色发展各个方面的内在联系，并具有清晰的层次。系统性原则要求评价指标体系不是一些指标的简单堆积，而应是一个统一的有机整体。

10.1.1.3 可操作性原则

构建纺织业绿色发展评价指标体系，除了要遵循科学性、系统性之外，还要遵循可操作性，即指标体系所需数据应易于收集、易于处理、便于操作，而且评价结果尽可能要与产业现实状况贴合，便于提出可行性的政策建议用以指导纺织业绿色发展实践。

10.1.2 指标选取依据

2017 年 12 月，国家统计局、发改委、环境保护部利用绿色发展综合指数法对 2016 年各省份的生态文明建设进行评价，评价体系包括资源利用、环境治理、环境质量、生态保护、增长质量、绿色生活、公众满意程度 7 个一级指标和 56 个二级指标；郝汉舟等（2017）以时间和空间双维度从产业环境友好程度、循环经济发展水平、科技创新水平等方面测度湖北绿色发展指数。除了区域层面的绿色发展测度外，苏利阳等（2013）从资源消耗与污染排放两方面构建工业绿色绩效指标体系，2016 年工业和信息化部制定的《纺织工业发展规划（2016—2020 年）》发展目标中，除了降低产业能耗及污染物排放的目标之外，还对产业发展效益、结构调整及发展质量提出更高要求。如表 10-1 所示，无论是区域绿色发展评价还是产业绿色发展评价，都是从资源、环境、创新、经济等方面测度，可综合概括为资源承载力、科技创新与产业增长三大维度。

表 10-1　绿色发展指标类别选取依据

研究层面	年份	发布机构或作者	指标类别
区域层面	2011	北京师范大学	经济增长绿化度 资源环境承载潜力 政府政策支持度
		西南财经大学	
		国家统计局中国经济景气监测中心	
	2015	郭永杰等	
	2017	马勇、黄智洵	

研究层面	年份	发布机构或作者	指标类别
区域层面	2016	发改委	资源利用、生态环境保护、年度评价结果、公众满意程度、生态环境事件
	2016	国家统计局	
	2016	环境保护部	资源利用、环境治理、环境质量、生态保护、增长质量、绿色生活、公众满意度
	2015	李琳、楚紫穗	产业绿色增长度 资源环境承载力 政府政策支撑力
	2017	郝汉舟等	生态城市建设力度 产业环境友好程度 循环经济发展水平 科技创新水平
产业层面	2015	国务院	创新能力、质量效益、两化融合、绿色发展
	2016	工业和信息化部	行业增长、科技创新、结构调整、质量品牌、绿色发展

10.1.3 指标选取

"十三五"期间作为我国纺织业发展的关键时段,应将产业转型、提档升级、科技创新作为绿色发展的路径和着力点。本篇在借鉴上述文献的基础上,最终从资源环境承载力、科技创新及产业增长三个维度综合评价我国纺织业绿色发展水平。

如今,我国产业发展已经从规模数量型增长逐步转向质量效益型增长,不再以单纯的经济指标衡量产业增长。"绿水青山就是金山银山",经济发展越来越注重经济、资源、环境及社会的协调发展,资源环境可持续性是产业实现绿色发展的关键因素之一。资源环境承载力越高,表明产业发展对资源的依赖度越低,对环境污染程度越低。为了更全面综合反映纺织业资源环境承载力的真实情况,本篇分别从资源集约、减排能力及污染治理能力来衡量产业的资源环境承载力。通常资源集约能力反映产业（地区）能源消耗状况，能源消耗总量与消耗强度越低，资源集约能力越强。纺织业作为高耗水产业之一，用水量很大，尤其是印染业，因此，最终用能源消耗总量及强度与用水总量及耗水强度综合反映资源集约能力。一般来说，"三废"排放总量越低，产业减排效果越明显，越有助于推进我国生态文明建设；相应地，以"三废"的治理设备投入来衡量产业环境治理力度，这是实现从源头治理污染物排放的直接途径，由于缺乏固体废弃物治理实施的数据，因此环境治理能力用废水与废气治理设施数总和来衡量。

科技创新作为提高纺织业社会生产力和产业竞争力的战略，在产业发展全局中处于核心位置。科技创新分为创新投入与创新产出两大部分，其中创新投入包括资金与人员投入，资金是科技创新的经济保障，人员是科技创新的力量源泉，因此，本篇选取R&D经费及占比与R&D人数及占比来衡量我国纺织业创新投入水平。科技创新的目的是将科技产出应用到产业发展中，通过提高科学技术来增加产品的附加值，进而提升产业的竞争力。科技创新发展水平还应包括对创新产出水平的衡量，创新产出的主要形式是专利及新产品等，因此创新产出水平选取新产品项目开发数、新产品销售收入占主营业务收入比重、专利申请数及有效专利数来衡量。

传统产业发展过于注重产业发展带来的经济效益，忽视产业发展与经济、社会及生态之间的协调关系，绿色发展要求产业在追求短期利润的同时也要兼顾长远目标，在传统产业发展方式的基础上增加了对产业内部结构调整与社会贡献的考虑，因此，本篇选取产业经济效益、产业内部结构及社会贡献综合测度产业增长水平。本篇用化纤加工量在全国纤维加工总量的占比衡量产业的原料结构，用产业用纺织品纤维消费量占比衡量产品结构，用中西部地区规模以上企业主营业务收入的比重衡量区域结构，产业内部结构的逐步优化有利于提高资源配置效率，实现产业可持续发展。社会效益指的是企业承担社会责任的状况，主要包括就业及税收等，分别用就业人数及占比与利税总额及人均利税额衡量。综上所述，本篇从资源环境承载力、科技创新及产业增长三大维度出发，最终选取了 8 个二级指标与 31 个三级指标，评价指标体系如表 10-2 所示。

表 10-2　中国纺织业绿色发展评价指标体系

一级指标	二级指标	三级指标	指标	指标权重
资源环境承载力 R (0.382)	资源集约	纺织业能源消费总量（万吨标准煤）	R1	0.028
		纺织业用水总量（万吨）	R2	0.031
		单位产值能源消耗量（万吨标准煤/亿元）	R3	0.037
		单位产值用水量（万吨/亿元）	R4	0.033
	减排能力	纺织业废水排放量（万吨）	R5	0.035
		单位产值废水排放量（万吨/亿元）	R6	0.035
		纺织业废气排放量（亿标立方米）	R7	0.025
		单位产值废气排放量（亿标立方米/亿元）	R8	0.037
		纺织业固体废弃物产生量（万吨）	R9	0.030
		单位产值固体废弃物产生量（吨/亿元）	R10	0.032
	治污能力	纺织业废水治理设施数（套）	R11	0.024
		纺织业废气治理设施数（套）	R12	0.035
科技创新 C (0.251)	创新投入	规模以上纺织企业 R&D 经费支出（万元）	C1	0.032
		规模以上纺织企业 R&D 投入强度（%）	C2	0.032
		规模以上纺织企业 R&D 人数（人）	C3	0.031
		规模以上纺织企业 R&D 人数占比（%）	C4	0.031
	创新产出	规模以上纺织企业新产品开发项目数（项）	C5	0.037
		新产品销售收入占主营业务收入比重（%）	C6	0.029
		规模以上纺织企业专利申请数（项）	C7	0.028
		规模以上纺织企业有效专利数（项）	C8	0.031
产业增长 I (0.367)	经济效益	规模以上纺织企业利润总额（亿元）	I1	0.033
		规模以上纺织企业人均利润额（万元/人）	I2	0.032
		规模以上纺织企业产值（亿元）	I3	0.035
		规模以上纺织企业产值占比（%）	I4	0.037

一级指标	二级指标	三级指标	指标	指标权重
产业增长 I （0.367）	产业结构	化纤加工量占全国纤维加工总量比重（%）	I5	0.031
		产业用产品纤维消费量比例（%）	I6	0.031
		中西部地区规模以上企业主营业务收入占比（%）	I7	0.034
	社会贡献	规模以上纺织企业就业人数（万人）	I8	0.032
		规模以上纺织企业就业人数占比（%）	I9	0.034
		规模以上纺织企业利税总额（亿元）	I10	0.034
		规模以上纺织企业人均利税额（万元/人）	I11	0.034

注：R&D 经费支出＝R&D 内部经费支出＋R&D 外部经费支出；利税总额＝主营业务税金及附加＋增值税＋利润总额。

10.2 评价方法及数据说明

10.2.1 评价方法

对中国纺织业绿色发展评价涉及资源、环境、科技创新及产业自身发展多个方面，是一个多属性决策问题，其核心是确定指标权重。为了消除主观因素对确定权重的影响，本篇最终采用一种完全客观的评价方法，即离差最大化决策方法确定权重。

令 $A = \{A_1, A_2, \cdots, A_n\}$ 表示多指标评价问题的方案集，$G = \{G_1, G_2, \cdots, G_m\}$ 表示指标集，y_{ij}（$i = 1, 2, \cdots, n$; $j = 1, 2, \cdots, m$）表示 A_i 方案对 G_j 指标的指标值，$Y = (y_{ij})_{n \times m}$ 矩阵表示 A 方案集对 G 指标集的属性矩阵，即评价矩阵。

通常，根据指标的性质，指标可以分为效益型、成本型、固定型和区间型四类。因为评价指标不同，量纲和量纲单位不同造成不可公度性问题。本篇指标只涉及效益型指标与成本型指标，其规范化处理方法如下：

针对成本型指标，令：

$$Z_{ij} = \frac{y^{max} - y_{ij}}{y^{max} - y^{min}} \quad (i=1, 2, \cdots, n; j=1, 2, \cdots, m) \quad (10-1)$$

针对效益型指标，令：

$$Z_{ij} = \frac{y_{ij} - y^{min}}{y^{max} - y^{min}} \quad (i=1, 2, \cdots, n; j=1, 2, \cdots, m) \quad (10-2)$$

其中，y^{min}、y^{max} 分别表示指标 G_j 的最小值、最大值。以 $Z = (Z_{ij})_{n \times m}$ 表示无量纲化处理后所得到的评价矩阵，很明显，Z_{ij} 总是越大越好。令 $w = (w_1, w_2, \cdots, w_m)^T > 0$ 表示评价指标的加权向量，同时还需满足单位化约束条件：

$$\sum_{j=1}^{m} w_j^2 = 1 \quad (10-3)$$

在求得加权向量 w 之后，构造如下所示的评价矩阵：

$$C = \begin{array}{c} \\ A_1 \\ A_2 \\ \vdots \\ A_n \end{array} \overset{\begin{array}{cccc} G_1 & G_2 & \cdots & G_m \end{array}}{\begin{bmatrix} w_1 z_{11} & w_2 z_{12} & \cdots & w_m z_{1m} \\ w_1 z_{21} & w_2 z_{22} & \cdots & w_m z_{2m} \\ \vdots & \vdots & \ddots & \vdots \\ w_1 z_{n1} & w_2 z_{n2} & \cdots & w_m z_{nm} \end{bmatrix}} \quad (10-4)$$

再由简单加权法，得到 A_i 方案的多指标综合评价值：

$$D_i(w) = \sum_{j=1}^{m} z_{ij} w_j \quad (i=1, 2, \cdots, n) \quad (10-5)$$

同样，$D_i(w)$ 总是越大越好，$D_i(w)$ 越大表明 A_i 方案越优。因此当权向量 w 已知时，根据式（10-1）至式（10-5）可以对各方案 A_i 进行评价。

如果某一指标 G_j 对决策方案 A_i 的最终评价值没有影响,那么,可以令 G_j 的权重为 0;相反,如果某一指标 G_j 对决策方案 A_i 的最终评价值发生很大变化,可以令 G_j 取得较大的权重。针对 G_j 指标,用 $v_{ij}(w)$ 表示 A_i 方案与其他决策方案的离差,则有:

$$v_{ij}(w) = \sum_{k=1}^{n} |w_j z_{ij} - w_j z_{kj}| \quad (i=1, 2, \cdots, n; j=1, 2, \cdots, m) \quad (10-6)$$

令

$$v_j(w) = \sum_{i=1}^{n} v_j(w) = \sum_{i=1}^{n} \sum_{k=1}^{n} |z_{ij} - z_{kj}| w_{ij} \quad (j=1, 2, \cdots, m) \quad (10-7)$$

其中,$v_j(w)$ 表示在 G_j 指标下所有方案 A_i 与其他方案的离差之和。因为选择的加权向量 w 应使所有指标对所有方案的离差之和取得最大值,所以构造如下目标函数:

$$\max F(w) = \sum_{j=1}^{m} v_j(w) = \sum_{j=1}^{m} \sum_{i=1}^{n} \sum_{k=1}^{n} |z_{ij} - z_{kj}| w_j \quad (10-8)$$

于是,求权向量 w 的问题等价于求非线性规划问题:

$$\begin{cases} \max F(w) = \sum_{j=1}^{m} v_j(w) = \sum_{j=1}^{m} \sum_{i=1}^{n} \sum_{k=1}^{n} |z_{ij} - z_{kj}| w_j \\ \text{s. t. } \sum_{j=1}^{m} w_j^2 = 1 \end{cases} \quad (10-9)$$

解此非线性规划问题,并将 w^* 作归一化处理,得:

$$w_j^* = \frac{\sum_{i=1}^{n} \sum_{k=1}^{n} |z_{ij} - z_{kj}|}{\sum_{j=1}^{m} \sum_{i=1}^{n} \sum_{k=1}^{n} |z_{ij} - z_{kj}|} \quad (j=1, 2, \cdots, m) \quad (10-10)$$

综上所述,采用离差最大化方法对多指标问题进行评价的步骤概括为三步:

第一步,将评价指标进行处理得到规范化矩阵 $Z = (Z_{ij})_{n \times m}$。

第二步,采用离差最大化方法求出最优的权向量 $w^* = (w_1^*, w_2^*, \cdots, w_m^*)^T$,然后根据权向量求出各方案 A_i 的综合评价值 $D_i(w)$,其中 $i=1, 2, \cdots, n$。

第三步，根据第二步中各方案的综合评价值大小，对多指标问题作出合理评价。

10.2.2 数据来源及数据处理

本篇的研究数据主要来源于《中国统计年鉴》（2009～2017 年）、《中国科技统计年鉴》（2009～2017 年）、《中国能源统计年鉴》（2009～2017 年）、《中国工业统计年鉴》（2009～2017 年）、《中国纺织工业发展报告》（2009～2015年）和《国家知识产权局统计年报》。本篇指标仅涉及效益型和成本型两类，效益型指标的指标值越大越好，成本类指标的指标值越小越好。运用式（10-1）和式（10-2）对数据进行标准化处理，结果如表 10-3 所示。

表 10-3　数据标准化处理结果

指标 ＼ 年份	2008	2009	2010	2011	2012	2013	2014	2015	2016
R1	1.000	0.527	0.412	0.075	0.057	0.000	0.361	0.231	0.080
R2	0.000	0.026	0.141	0.256	0.241	0.271	0.514	0.757	1.000
R3	0.000	0.007	0.383	0.514	0.609	0.773	0.945	0.983	1.000
R4	0.000	0.139	0.446	0.611	0.672	0.788	0.879	0.946	1.000
R5	0.212	0.096	0.045	0.000	0.089	0.571	0.656	0.828	1.000
R6	0.000	0.074	0.332	0.464	0.554	0.790	0.864	0.939	1.000
R7	0.674	0.658	0.779	0.000	0.812	0.961	0.930	0.965	1.000
R8	0.000	0.115	0.478	0.144	0.692	0.871	0.909	0.960	1.000
R9	0.000	0.488	0.290	0.868	0.875	0.884	1.000	0.900	0.801
R10	0.000	0.271	0.485	0.745	0.800	0.898	0.970	0.990	1.000
R11	0.233	0.237	0.443	1.000	0.301	0.179	0.135	0.068	0.000
R12	0.210	0.208	0.000	0.991	1.000	0.946	0.837	0.902	0.967
C1	0.284	0.000	0.149	0.298	0.418	0.566	0.675	0.876	1.000
C2	1.000	0.000	0.111	0.253	0.355	0.425	0.491	0.708	0.814
C3	0.638	0.000	0.178	0.357	0.580	0.705	0.750	0.919	1.000

续表

年份 指标	2008	2009	2010	2011	2012	2013	2014	2015	2016
C4	0.413	0.000	0.109	0.332	0.522	0.639	0.662	0.853	1.000
C5	0.000	0.131	0.162	0.193	0.713	0.917	1.000	0.509	0.891
C6	0.000	0.281	0.427	0.592	0.663	0.757	0.791	0.860	1.000
C7	0.000	0.055	0.182	0.309	0.446	0.385	0.526	1.000	0.587
C8	0.037	0.000	0.060	0.121	0.191	0.353	0.567	0.630	1.000
I1	0.000	0.125	0.494	0.650	0.706	0.761	0.909	0.945	1.000
I2	0.000	0.107	0.351	0.572	0.632	0.693	0.799	0.880	1.000
I3	0.000	0.078	0.302	0.464	0.548	0.725	0.843	0.932	1.000
I4	0.973	1.000	0.653	0.129	0.007	0.000	0.002	0.294	0.242
I5	0.000	0.125	0.219	0.330	0.528	0.572	0.670	0.787	1.000
I6	0.000	0.172	0.259	0.345	0.431	0.517	1.000	0.716	0.841
I7	0.000	0.111	0.334	0.536	0.611	0.723	0.863	0.932	1.000
I8	1.000	0.818	0.933	0.428	0.367	0.306	0.351	0.194	0.000
I9	1.000	0.856	0.678	0.423	0.275	0.137	0.117	0.059	0.000
I10	0.000	0.081	0.397	0.545	0.635	0.742	0.874	0.931	1.000
I11	0.000	0.077	0.278	0.490	0.575	0.677	0.767	0.866	1.000

10.3　结果分析与评价

本节分别测度了纺织业绿色发展综合水平、资源环境承载力水平、科技创新水平与产业增长水平，并对测度结果进行全面分析与评价。

10.3.1　绿色发展综合水平分析与评价

根据多指标离差最大化法可以计算出 31 个指标权重（见表 10-2），资源环境承载力权重占比 38.2%，科技创新权重占比 25.1%，产业增长权重占比 36.7%，这表明目前相较于科技创新发展，资源环境承载力与产业增长对我国纺织业绿色发展影响程度较大。

根据最优的权向量计算我国纺织业绿色发展的综合水平，结果如图 10-1 所示。2008~2016 年我国纺织业绿色发展综合水平处于 0.219~0.822，并呈现先下降后上升的变化趋势。2008 年爆发国际金融危机后，各国经济受到不同程度的冲击，外需减少与内需不足使纺织业出口创汇能力与经济效益等受到影响，我国纺织业绿色发展综合水平从 2008 年的 0.242 下降到 2009 年的 0.219。2009 年以后，市场经济回暖特征凸显，2009~2016 年，我国纺织业绿色发展综合水平呈稳步上升趋势，由 2010 年的 0.337 上升到 2016 年的 0.822，但增长速度逐渐放缓，2015 年绿色发展增速为 8.46%，低于年均增速值 14.53%。2008~2016 年，纺织业资源环境承载力、科技创新及产业增长水平均呈小幅增长趋势，2010 年之前产业增长水平高于产业资源环境承载力与科技创新水平，对绿色发展水平的推动力最大。"十二五"之后国家将生态文明建设上升到战略层面，绿色发展成为我国经济发展五大理念之一，为应对当前经济环境，纺

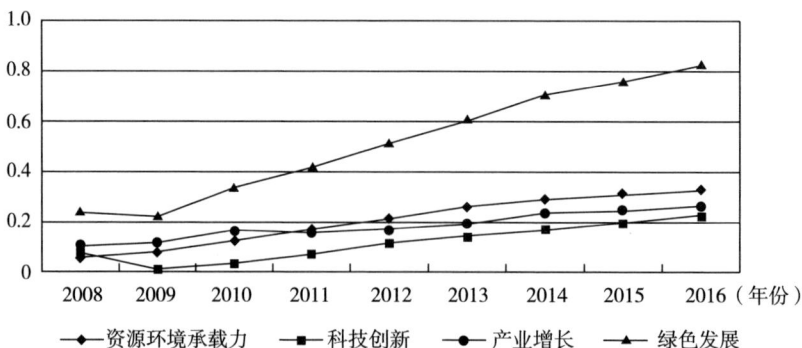

图 10-1　2008~2016 年中国纺织业绿色发展综合水平

织业的资源集约及节能减排能力短期内得到提高，2011 年，资源环境承载力水平超过产业增长水平，成为对纺织业绿色发展推动力最大的指标。纺织业科技创新发展水平虽也呈上升趋势，但其发展水平始终低于 0.230，说明纺织业科技创新对绿色发展带动作用较小。

10.3.2 资源环境承载力水平分析与评价

资源环境承载力包括资源承载力与环境承载力两部分，其中资源承载力是资源环境承载力的基础，环境承载力是资源承载力的约束条件。根据中国纺织业资源承载力指标赋权（见表 10-4），对资源环境承载力影响度从大到小依次为产业的减排能力、资源集约、治污能力，其中资源承载力指标权重占比 34%，环境承载力指标权重占比 66%，尤其是产业发展中减少污染物排放量对提升纺织业资源环境承载力发挥关键作用。

表 10-4 中国纺织业资源环境承载力指标赋权

一级指标	二级指标	三级指标	权重
资源环境承载力	资源集约（0.336）	能源消耗总量	0.073
		用水总量	0.081
		单位产值能源消耗量	0.096
		单位产值用水量	0.086
	减排能力（0.508）	废水排放量	0.092
		单位产值废水排放量	0.092
		废气排放量	0.065
		单位产值废气排放量	0.098
		固体废弃物产生量	0.077
		单位产值固体废弃物产生量	0.084
	治污能力（0.156）	废水治理设施数	0.064
		废气治理设施数	0.092

2008~2016 年我国纺织业资源环境承载力不断增强，如图 10-2 所示，纺织业资源环境承载力的提升主要得益于产业减排能力的提高。从发展水平来看，2010~2016 年纺织业减排能力的发展水平最高，资源集约发展水平次之，治污能力的发展水平最低，2016 年纺织业资源环境承载力综合水平为 0.850，减排能力发展水平为 0.493，资源集约发展水平为 0.269，污染治理水平为 0.089；从发展速度来看，2010~2016 年纺织业减排能力提升速度也是最快的，由 2008 年的 0.063 提高到 2016 年的 0.493，资源集约能力的提升速度次之，污染治理能力提升速度最慢，2010~2016 年仅提高了 0.06。随着纺织业资源集约能力的提高，资源条件对纺织业发展的约束力是趋于下降的，污染物排放减少，环境污染问题得以明显改善，但纺织业污染治理水平低且提升速度最慢，说明纺织业治污能力低是我国纺织业绿色发展的短板之一。纺织业污染物排放下降效果明显是因为近年来随着环保力度的加大，环保部门对污染严重超标的企业采取关停措施，污染物减排效果立竿见影。但从长远来看，简单粗暴地关停污染严重超标企业并不能从根本上解决污染问题。随着综合成本的上升，企业利润空间一度被压缩，加上环保设备费用高昂，环保效果也不能立竿见影。因此，一些企业为了追求短期利益，利用夜间偷排偷放，污染问题无法

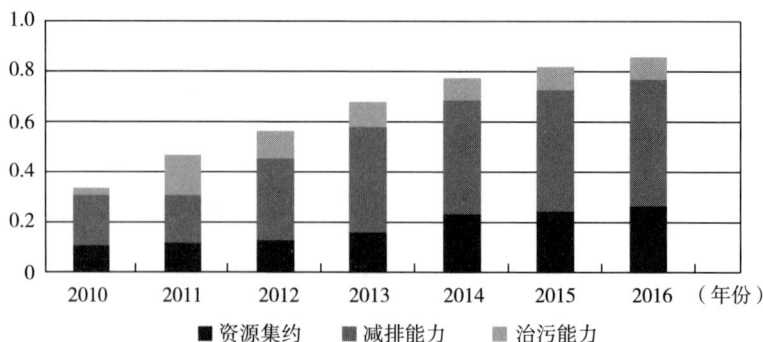

图 10-2　中国纺织业资源承载力发展水平

根治。为了从本质上解决产业污染问题，未来纺织业资源环境承载力的工作重点应从"节能减排"逐步向提升污染治理能力发展，政府应利用相关法律法规及政策倾斜等措施积极引导纺织企业将绿色发展理念贯穿于生产的全过程，通过相应的政策及资金倾斜来减轻纺织企业购买环保设备的压力，通过提高污染治理能力，从源头上降低污染，实现绿色生产模式，承担起相应的社会责任。

10.3.3 科技创新水平分析与评价

随着我国进入后工业时期，生产方式逐渐由粗放型转向集约型，创新驱动逐步代替要素驱动成为现实选择。尤其是对于纺织业这种资源与劳动密集型产业而言，产业发展受资源环境的约束，单纯的要素投入已无法支撑产业的可持续发展，创新驱动成为纺织业绿色发展的必然趋势。科技创新作为创新驱动的核心，是产业绿色发展的主要驱动力。创新投入是科技创新发展的前提与保证，对纺织业科技创新发展发挥着举足轻重的作用。从纺织业科技创新指标赋权情况来看，创新投入指标权重占比为50.2%（见表10-5），再次证明了创新投入对纺织业科技创新的重要性。

表 10-5　中国纺织业科技创新指标赋权

一级指标	二级指标	三级指标	权重
科技创新	创新投入（0.502）	R&D 经费支出	0.127
		R&D 投入力度	0.125
		R&D 人数	0.125
		规模以上企业 R&D 人数占从业人员比重	0.125
	创新产出（0.498）	新产品开发项目数	0.146
		新产品销售收入占主营业务收入比重	0.116
		专利申请数	0.113
		有效专利数	0.123

图 10-3 是我国纺织业科技创新发展的趋势，2010~2016 年我国纺织业科技创新发展水平不断增长，但 2011 年后发展增速逐步放缓，2015 年纺织业科技发展增速再次提升，增速高达 16.38%。从投入与产出角度来看，2010~2016 年创新投入水平与创新产出水平呈此消彼长的发展态势，2010~2014 年我国纺织业创新产出水平高于创新投入发展水平，科技成果的增加说明我国纺织业从要素投入逐步向创新驱动转变的效果初显，但科技创新总体发展对纺织业绿色发展的贡献较低，侧面反映出我国纺织业创新成果附加值较低的事实依旧没有改变，例如授权专利多集中在外观设计型专利，强调的是产品外形美观，但对纺织业绿色发展的拉动力较弱。2015 年之后，创新投入力度再次加大，其发展水平超过创新产出水平，这是因为 2015 年供给侧结构性改革的提出，要求纺织业发展以"增品种、提品质、创品牌"为重点，对产品供给结构、产品质量及品牌建设等方面提出较高要求，提升产业创新能力成为纺织业"十三五"时期的重点任务之一。

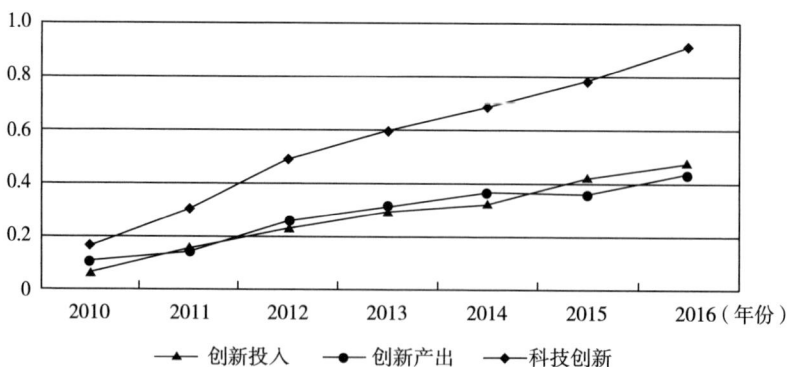

图 10-3　中国纺织业科技创新发展水平

10.3.4　产业增长水平分析与评价

当前，我国纺织业处于重要的发展转折时期，面临着我国经济的增速换挡、结构调整、动力转型，行业一些长期积累的内在结构性矛盾逐步凸显。近年来，纺织业总量规模虽然保持不断扩大的趋势，但增长趋势放缓，特征之一是纺织业的规模效益从高速增长转向中高速增长，产业发展重点逐渐由"产业规模增长"转向"产业质量提升"。高质量发展要求无论是国家还是产业，在追求短期利益的同时也应该着眼于长远目标，在追求自身利润最大化的同时，理应承担起相应的社会责任，比如带动就业与税收贡献。从产业增长指标赋权可以看出（见表10-6），经济效益权重为0.372，产业结构权重为0.264，社会效益权重为0.364，产业的经济发展是产业增长的核心，产业结构优化与社会效益也是影响纺织业绿色发展的重要因素。

表 10-6　中国纺织业产业增长指标赋权

一级指标	二级指标	三级指标	权重
产业增长	经济效益（0.372）	利润总额	0.089
		人均利润额	0.088
		纺织业产值	0.095
		纺织业产值占工业总产值的比重	0.100
	产业结构（0.264）	化纤加工量占全国纤维加工总量的比重	0.086
		产业用产品纤维消费量比例	0.085
		中西部地区规模以上企业主营业务收入占比	0.093
	社会效益（0.364）	就业人数	0.088
		就业人数占工业总就业人数的比重	0.094
		利税总额	0.092
		人均利税额	0.090

近年来，我国纺织业增长水平呈小幅增长趋势，2010~2016年产业增长发

展水平介于 0.448~0.729。图 10-4 是将纺织业增长划分为三部分，即经济效益、产业结构及社会效益，其中纺织业经济效益一直处于产业发展的核心地位，产业结构优化程度与社会效益呈此消彼长的发展态势，2013 年后，纺织业产业结构优化水平超越社会效益水平，这是因为纺织业综合成本的上升，使部分沿海地区纺织企业开始向中西部地区转移，带动了中西部本地纺织企业的发展，纺织业区域结构得到优化。特别是 2014 年 7 月，新疆维吾尔自治区出台了《新疆维吾尔自治区人民政府办公厅关于金融支持发展纺织服装产业带动就业的意见》《发展纺织服装产业带动就业规划纲要（2014—2023 年）》以及《发展纺织服装产业带动就业 2014 年行动方案》等文件以支持新疆纺织服装产业发展，并颁布了包括税收特殊优惠、低电价优惠、纺织品服装运费补贴、企业员工培训和社保补贴等十项优惠政策，受棉花资源、区位等优势以及国家宏观政策的引导，新疆成为承接沿海地区纺织产业转移的主阵地。新疆在承接纺织业转移的同时，不仅有效地解决了就业问题，而且通过优秀纺织企业的带动，新疆纺织业产业链进一步延伸，产业竞争力增强，纺织业的区域结构进一步优化，就业带动力提升。

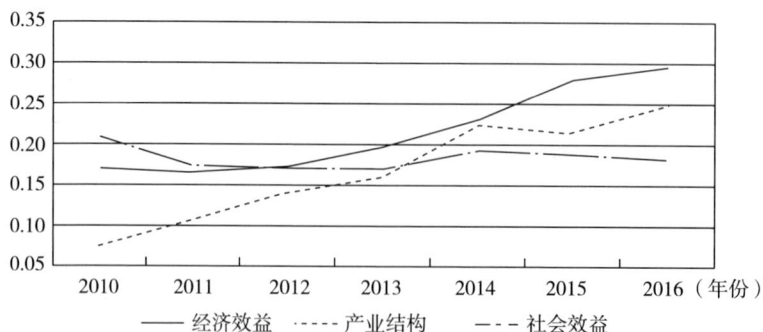

图 10-4　中国纺织业产业增长发展水平

10.4　本章小结

本章通过对中国纺织业绿色发展综合水平、资源环境承载力水平、科技创新水平及产业增长水平的分析与评价，得到以下结论：

第一，中国纺织业绿色发展水平总体呈稳步上升趋势，其中产业资源环境承载力与产业增长水平对纺织业绿色发展的影响较大。2010年之前产业自身增长对绿色发展推动力最大，2011年之后，资源环境承载力水平超过产业增长水平，资源环境承载力对纺织业绿色发展推动力最大。

第二，中国纺织业资源环境承载力、科技创新水平及产业增长水平呈不同幅度的增长趋势。其中，中国纺织业资源承载力的提升主要归功于产业减排能力的提高，产业污染治理能力是纺织业绿色发展的短板；纺织业创新成果数量增加但产品科技含量不高，对纺织业绿色发展拉动力较弱；纺织业经济效益在产业增长中处于核心地位，产业结构优化程度与社会效益水平呈此消彼长的发展态势。2014年以后纺织业产业内部结构优化水平及社会效益的发展水平同步增长，与新疆维吾尔自治区2014年实施"新疆纺织业带动百万人就业"工程有密切关系，不仅提高新疆本地纺织企业的经济效益，还解决了当地就业难的问题。

11 中国纺织业绿色发展
目标达成度评价

　　"十三五"时期是我国实现纺织大国向纺织强国转变的关键时期，全面综合了解我国现有纺织业绿色发展的真实情况是建设纺织强国的基本前提，也为未来我国纺织业工作重点提供方向。本章从政府角度出发，梳理国家颁布的纺织业相关文件，确定较为权威、科学的绿色发展目标，以该绿色发展目标为参照，对我国纺织业绿色发展水平及目标完成情况进行测度，通过纺织业历史绿色发展水平与绿色发展目标比较，更直观地反映我国纺织业绿色发展所处阶段，找出纺织业绿色发展的短板，便于针对性地提出促进纺织业绿色发展的政策建议。纺织业绿色发展评价指标的选取是在借鉴绿色发展相关文献的基础上，并结合纺织业自身发展综合测度了我国纺织业的绿色发展水平。但纺织业绿色发展水平越高是否代表纺织业绿色发展情况越好？目前纺织业绿色发展水平处于什么阶段？这些问题都有待考证。

11.1　中国纺织业绿色发展目标达成度分析

本节从绿色发展目标出发,通过梳理纺织业相关文件厘清纺织业绿色发展必须完成的任务量,以此倒推我国纺织业历史绿色发展水平,分别与绿色目标比较,即可计算出我国纺织业绿色发展目标达成度。

11.1.1　目标导向下中国纺织业绿色发展指标选取

根据《工业绿色发展规划（2016—2020 年）》《纺织工业发展规划（2016—2020 年）》及《纺织工业"十三五"科技进步纲要》等文件要求,本书从资源环境承载力、科技创新及产业增长三大维度出发,整理出纺织业绿色发展指标,如表 11-1 所示。

表 11-1　目标导向下中国纺织业绿色发展目标选取依据

一级指标	二级指标	三级指标	文件来源
资源环境承载力	资源集约	单位工业增加值取水量	《纺织工业发展规划（2016—2020 年）》
		单位工业增加值用水量	《中国制造 2025》 《工业绿色发展规划（2016—2020 年）》
		单位工业增加值能源消耗量	《中国制造 2025》 《工业绿色发展规划（2016—2020 年）》 《纺织工业发展规划（2016—2020 年）》
	减排能力	主要污染物排放总量	《纺织工业发展规划（2016—2020 年）》
		主要污染物排放强度	《工业绿色发展规划（2016—2020 年）》
		单位工业增加值二氧化碳排放量	《中国制造 2025》 《工业绿色发展规划（2016—2020 年）》

一级指标	二级指标	三级指标	文件来源
科技创新	创新投入	规模以上纺织企业研发经费内部支出占主营业务收入比重	《中国制造2025》
		大中型企业研发与试验发展经费支出占主营业务收入比重	《纺织工业发展规划（2016—2020年）》《纺织工业"十三五"科技进步纲要》
	创新产出	规模以上纺织企业每亿元主营业务收入有效发明专利数	《中国制造2025》
		发明专利授权量年均增速	《纺织工业发展规划（2016—2020年）》《纺织工业"十三五"科技进步纲要》
产业增长	经济效益	规模以上纺织企业工业增加值	《纺织工业发展规划（2016—2020年）》
		规模以上纺织企业全员劳动生产率	《中国制造2025》《纺织工业发展规划（2016—2020年）》
	产业结构	产业用纺织品纤维消费量比例	《纺织工业发展规划（2016—2020年）》《纺织工业"十三五"科技进步纲要》
		中西部地区规模以上纺织企业主营业务收入占比	《纺织工业发展规划（2016—2020年）》

11.1.2 绿色发展目标的确定

为兼顾绿色发展目标的权威性及数据的可获得性，本篇最终只选取了12个三级指标来评价目标导向下我国纺织业绿色发展目标达成度。根据《建设纺织强国纲要（2011—2020年）》要求，我国纺织业要在2020年实现由纺织大国建成纺织强国的奋斗目标，目前纺织业相关文件对纺织业未来发展只规划到2020年，因此本篇将2020年绿色发展水平确定为我国纺织业绿色发展的短期目标，并根据文件要求量化2020年纺织业绿色发展指标，结果如表11-2所示，资源环境承载力权重占比43.7%，科技创新权重占比23%，产业增长权重占比33.3%，依旧是资源环境承载力与产业增长对纺织业绿色发展的影响程度较大。

表 11-2 目标导向下中国纺织业绿色发展评价指标体系

一级指标	二级指标	三级指标	2020 年绿色发展目标	权重
资源环境承载力 (0.437)	资源集约 (0.175)	单位工业增加值能源消耗 X_1	0.440 吨标准煤/万元	0.092
		单位工业增加值用水量 X_2	42.904 吨/万元	0.083
	减排能力 (0.262)	单位产值废水排放量 X_3	2.615 万吨/亿元	0.088
		单位产值废气排放量 X_4	0.040 亿标立方米/亿元	0.093
		单位产值固体废弃物产生量 X_5	92.693 吨/亿元	0.081
科技创新 (0.230)	创新投入 (0.079)	规模以上纺织企业研发经费内部支出占主营业务收入比重 X_6	1.26%	0.079
	创新产出 (0.151)	发明专利授权量 X_7	11887 件	0.076
		规模以上纺织企业每亿元主营业务收入有效发明专利数 X_8	0.7 件	0.075
产业增长 (0.333)	经济效益 (0.170)	规模以上纺织企业工业增加值 X_9	20070.962 亿元	0.085
		规模以上纺织企业全员劳动生产率 X_{10}	99.195 万元/人	0.085
	产业结构 (0.163)	产业用纺织品纤维消费量比重 X_{11}	33.00%	0.078
		中西部地区规模以上纺织企业主营业务收入所占比重 X_{12}	24.45%	0.085

注：X_1 是根据《纺织工业发展规划（2016—2020 年）》中要求的比 2015 年下降 18% 计算所得；X_2 是根据《纺织工业发展规划（2016—2020 年）》中要求的比 2015 年下降 23% 计算所得；X_3、X_4、X_5 是根据《工业绿色发展规划（2016—2020 年）》中要求的比 2015 年下降 20% 计算所得；X_{12} 是根据《纺织工业发展规划（2016—2020 年）》要求的比 2015 年提高 5% 计算所得；其余指标的 2020 年目标均是根据表 11-1 中相应的文件摘录所得。

11.1.3 数据处理

运用式（10-1）和式（10-2）对目标导向下纺织业绿色发展的 12 个三级指标进行标准化数据处理，处理结果如表 11-3 所示。

表 11-3 目标导向下中国纺织业绿色发展指标标准化处理

年份 指标	2008	2009	2010	2011	2012	2013	2014	2015	2016
X_1	0.000	0.019	0.247	0.352	0.540	0.666	0.879	0.948	1.000
X_2	0.000	0.151	0.355	0.512	0.629	0.721	0.832	0.923	1.000

续表

指标\年份	2008	2009	2010	2011	2012	2013	2014	2015	2016
X_3	0.000	0.074	0.332	0.464	0.554	0.790	0.864	0.939	1.000
X_4	0.000	0.115	0.478	0.144	0.692	0.871	0.909	0.960	1.000
X_5	0.000	0.271	0.485	0.745	0.800	0.898	0.970	0.990	1.000
X_6	1.000	0.000	0.108	0.245	0.357	0.430	0.489	0.704	0.813
X_7	0.000	0.110	0.235	0.470	0.451	0.335	0.422	0.867	1.000
X_8	0.147	0.000	0.029	0.073	0.140	0.306	0.545	0.578	1.000
X_9	0.000	0.090	0.229	0.361	0.504	0.629	0.763	0.884	1.000
X_{10}	0.000	0.078	0.208	0.430	0.510	0.662	0.737	0.864	1.000
X_{11}	0.000	0.172	0.259	0.345	0.431	0.517	1.000	0.716	0.841
X_{12}	0.000	0.111	0.334	0.536	0.611	0.723	0.863	0.932	1.000

11.1.4 纺织业绿色发展目标达成情况

为方便评价中国纺织业绿色发展目标达成情况，本篇将 2020 年纺织业绿色发展综合水平设定为1，那么 2020 年纺织业资源环境承载力目标值为 0.437，科技创新目标值为 0.230，产业增长目标值为 0.333。在该目标下 2008~2016 年纺织业绿色发展指标标准化处理结果如表 11-4 所示。

表 11-4 2020 年目标下中国纺织业绿色发展指标标准化处理

指标\年份	2008	2009	2010	2011	2012	2013	2014	2015	2016	2020
X_1	0.162	0.164	0.184	0.273	0.433	0.541	0.722	0.780	0.825	1.000
X_2	0.114	0.147	0.192	0.227	0.253	0.393	0.564	0.701	0.819	1.000
X_3	0.007	0.050	0.200	0.276	0.329	0.465	0.608	0.750	0.867	1.000
X_4	0.076	0.108	0.209	0.116	0.268	0.590	0.657	0.750	0.822	1.000
X_5	0.070	0.161	0.232	0.319	0.416	0.588	0.716	0.750	0.768	1.000

续表

年份 指标	2008	2009	2010	2011	2012	2013	2014	2015	2016	2020
X_6	0.439	0.239	0.260	0.288	0.310	0.325	0.337	0.380	0.402	1.000
X_7	0.102	0.152	0.209	0.316	0.307	0.254	0.294	0.497	0.558	1.000
X_8	0.094	0.072	0.077	0.083	0.093	0.117	0.152	0.157	0.219	1.000
X_9	0.397	0.433	0.488	0.540	0.597	0.646	0.699	0.747	0.793	1.000
X_{10}	0.280	0.316	0.376	0.479	0.516	0.587	0.622	0.681	0.744	1.000
X_{11}	0.515	0.576	0.606	0.636	0.667	0.697	0.867	0.767	0.811	1.000
X_{12}	0.568	0.614	0.705	0.789	0.820	0.866	0.924	0.952	0.981	1.000

通过将表11-2中绿色发展各指标的权重与表11-4中对2020年目标下中国纺织业绿色发展指标标准化后的数据进行加权求和，就可以计算出在2020年目标导向下我国纺织业绿色发展综合水平、资源环境承载力水平、科技创新水平及产业增长水平，分别与对应的目标值作比值即是各指标的绿色发展目标达成度（见图11-1）。

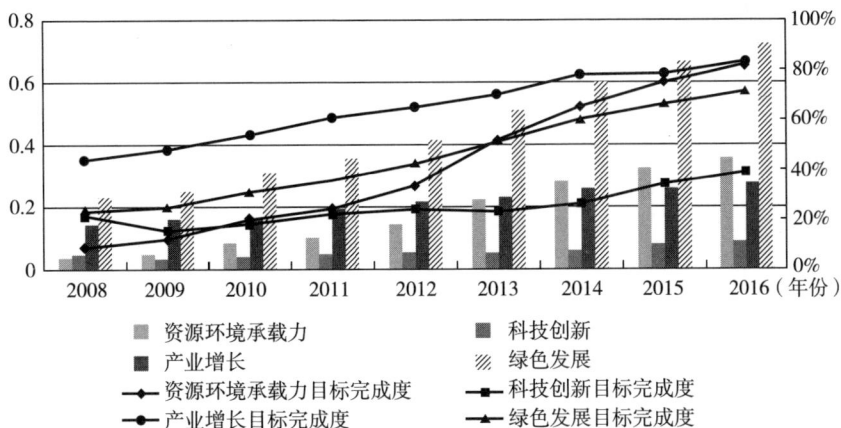

图 11-1 2020 年目标下中国纺织业绿色发展水平及目标完成度

由图 11-1 可知，2020 年绿色发展目标导向下中国纺织业绿色发展综合水平、资源环境承载力水平、科技创新水平及产业增长水平呈不同幅度增长趋势，其中资源环境承载力增长速度最快，年均增速为 28.4%，科技创新发展速度最慢，年均增速为 6.9%。从纺织业绿色发展目标完成度发展趋势来看，2008~2016 年我国纺织业绿色发展水平与绿色发展目标的距离不断缩小，2016年纺织业绿色发展完成度为 72.7%，资源环境承载力与产业增长已完成目标值的 80%以上，而纺织业科技创新目标完成度最低，仅完成目标的 39.4%。2008~2016 年随着目标导向下我国纺织业绿色发展水平的提高，绿色发展目标完成度随之提高，2016 年纺织业绿色发展综合水平为 0.973，高于当年的绿色发展目标达成度，表明绿色发展水平的高低不能完全代表绿色发展情况的好坏，一般测度的绿色发展水平高于实际发展情况，因此为了科学客观地评价纺织业绿色发展状况，需要从发展水平及目标完成度两方面综合评价。因数据的可获得性，资源环境承载力目标完成情况较好只能说明我国纺织业节能减排效果较好，至于纺织业环境污染治理能力的目标完成度还有待进一步研究。

进一步分析目标导向下纺织业资源集约、减排能力、创新投入、创新产出、经济效益及产业结构发展水平的完成情况，如图 11-2 所示。纺织业的节能减排情况较好，区域结构优化效果较为明显，并且纺织业科技创新目标达成度低是由创新投入不足与创新产出水平低共同导致的。2016 年目标完成度达 80%以上的指标有资源节约、减排能力、产业结构，目标完成度大小依次为产业结构、资源集约、减排能力；完成度在 50%~80%的指标有经济效益，2016年目标完成度为 76.86%；完成度低于 50%的指标为创新投入与创新产出，2016 年目标完成度分别为 40.17%、38.95%。

由于 2020 年纺织业绿色发展各指标目标值为 1，因此 2020 年目标下中国纺织业绿色发展指标标准化后的数值就是各指标的目标达成度。除科技创新类

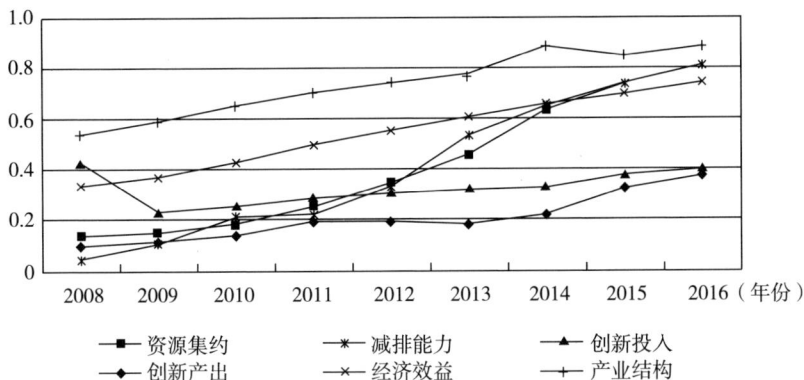

图 11-2 2020 年目标导向下中国纺织业绿色发展二级指标目标完成情况

指标完成度较低外，其他指标的完成情况较好。2008～2016 年我国纺织业绿色发展三级指标目标达成度总体呈上升趋势，2016 年目标达成度在 80% 以上的指标有单位工业增加值能源消耗（X_1）、单位工业增加值用水量（X_2）、单位产值废水排放量（X_3）、单位产值废气排放量（X_4）、产业用纺织品纤维消费量比重（X_{11}）、中西部地区规模以上纺织企业主营业务收入所占比重（X_{12}）；完成度在 50%～80% 的指标有单位产值固体废弃物产生量（X_5）、发明专利授权量（X_7）、规模以上纺织企业工业增加值（X_9）、规模以上纺织企业全员劳动生产率（X_{10}）；完成度低于 50% 的指标有规模以上纺织企业研发经费内部支出占主营业务收入比重（X_6）与规模以上纺织企业每亿元主营业务收入有效发明专利数（X_8）。《中国制造 2025》对其中五个指标 2025 年发展目标作出要求，本篇根据计算整理并量化了各指标 2025 年发展目标值：2025 年单位工业增加值能源消耗（X_1）为 0.354 吨标准煤/万元，单位工业增加值用水量（X_2）为 32.875 吨/万元，规模以上纺织企业研发经费内部支出占主营业务收入比重（X_6）为 1.68%，规模以上纺织企业每亿元主营业务收入有效发明专利数（X_8）为 1.1 件，规模以上纺织企业全员劳动生产率（X_{10}）为 132.789

万元/人，2016 年各指标分别完成 2025 年发展目标的 54.01%、45.92%、
30.13%、13.92%、55.57%。

11.2　中国纺织业绿色发展存在的问题

通过以 2020 年为纺织业绿色发展短期目标，量化 2008～2016 年纺织业绿
色发展水平及目标完成度，并综合各因素的发展水平及目标完成度情况，我们
发现，目前我国纺织业绿色发展存在以下问题：

11.2.1　创新投入不足，创新成果科技含量不高

从 2008～2016 年目标导向下纺织业绿色发展水平及目标完成度高低来
看，我国科技创新水平低是制约我国纺织业绿色发展的主要因素。2016 年
我国规模以上纺织企业 R&D 内部支出 326.91 亿元，占主营业务收入的比重
为 0.51%，距 2020 年目标值相差 0.75%。2016 年 R&D 人数为 148204 人，
仅占就业人数的 1.71%，研发人员较为匮乏。研发资金及人员投入不足必然
会影响创新成果的数量及质量。近年来，随着产业创新要素投入的增加，虽
然创新成果数量不断增加，但创新成果应用性不强，纺织业科技成果的科技
含金量并不高，在重大关键共性技术和前沿引领技术方面创新不足。纺织业
创新成果的主要表现形式可分为两大类：第一类是专利授权数，2015 年申
请专利数为 21863 项，发明专利授权量为 6630 项，占申请专利数的 30%左
右，大多是外观设计型，凸显的是外观样式的新颖，对产业绿色发展的贡献
较小；第二类是对新产品的开发，2016 年我国新产品销售收入 7369.07 亿
元，占主营业务收入的 11.41%，新产品开发对行业经济效益的提升效果不

显著，侧面反映我国新产品的附加值较低，价格低廉。创新成果质量不高说明我国纺织业的技术转化率较低。2016 年消化吸收经费为 29489 万元，引进技术经费为 54601 万元，技术转化率为 54%，产业消化吸收新技术的能力较弱。

11.2.2 企业节能减排意识淡薄，参与节能减排积极性不高

产业发展必然要依赖于各种资源，而产业消耗资源的同时必然会释放大量的污染物。目前，我国纺织业面临的主要环境问题是废水、废气排放量大。虽然 2016 年纺织业单位产值废水排放量（X_3）与单位产值废气排放量（X_4）已完成目标值的 80% 以上，但因纺织业是我国高耗水、高污染主要产业之一，污染排放问题仍是未来纺织业绿色发展关注的主要因素。近年来，环保部门对其废水及废气排放量做出严格规定，我国纺织企业为了应对环保部门的"环保风暴"，被迫减少废水、废气的排放量，加上中央环境保护督察组多次赴浙江、广州等纺织大省对当地印染企业进行检查，多家印染企业被限产，污染严重超标的企业被关停整顿，严厉的行政手段带来的环保效果立竿见影，因此纺织业主要的污染问题得到明显改善，而相对次要的污染问题依旧残留，侧面反映我国纺织业节能减排依赖的是外部约束，而企业自身环保动力不足。单纯依靠环保部门的外部规制约束并不能从本质上解决环境污染问题，只会让产业减排工作陷入"污染—整顿—再污染—再整顿"的困境。我国纺织企业数量众多，分布广泛，加上环境是一种典型的公共产品，具有非排他性，这些因素都会增加环保部门的监管成本与监管难度。一些纺织企业为了节约环保成本，躲避环保部门的监管，选择在夜间偷排、偷放废气废水，严重影响了当地的大气环境及水质。这些问题都源自我国纺织企业自身节能减排意识淡薄，仅着眼于短期利益，而缺乏对长远可持续发展的考虑。一方面是因为我国纺织企业大多生产规模较小，产品

同质化严重，一些企业则会选择压缩环保成本来降低生产成本以赢得市场份额；另一方面我国纺织业减排工作主要集中于对污染超标企业的查处，而缺乏对环保工作做得好的企业的激励，这也是造成纺织企业自主参与环保积极性不高的原因。

11.2.3 污染治理费用高昂，产业污染治理能力低

虽然我国纺织业相关文件缺乏对产业治污能力的约束，无法测度产业治污能力的目标完成度，但根据前文对纺织业治污能力的测度发现，我国纺织业的治污能力较低，是纺织业绿色发展的短板之一。2015 年我国纺织业规模以上企业有 33326 家，《中国环境统计年鉴》中汇总了 10256 家企业的"三废"排放及治理情况，废水治理设施数为 6557 套，废气治埋设施数为 9933 套，平均下来每家企业废水治理设施数 0.64 套、废气治理设施数 0.97 套，环保设备投入严重不足。2015 年废水治理设施运行费用 50 亿元左右，废气治理设施运行费用 11 亿元左右，并且设备的运行费用仅包括能源消耗、设备维修、人员工资、管理费等费用，如果再加上环保设施的购买费用，其高昂的费用是大多数企业无法负担的，因此许多企业则会选择不安装。即使部分企业按照国家纺织染整工业水污染物排放最新的排放标准排放污水，但受污水深度处理和回用技术的限制，仍不能完全实现健康的水循环，污染治理还需要专业人员学习及开发环境污染治理技术，技术研发及人力资本的费用也是一笔不小的开支，进一步降低了企业对环境治理投资的积极性。并且污染治理是长久战，其带来的经济效益短时间内无法显现，企业不能很快享受到环境治理所带来的好处，也是造成企业污染治理能力低的主要原因之一。

11.2.4 综合成本上升，产业传统竞争优势逐步弱化

受人口结构及就业偏好改变影响，纺织业用工价格持续上升已是常态。根

据中国纺织工业联合会组织的《企业经营者跟踪调查》结果，2015年纺织企业用工成本较2014年有所上升。目前，沿海地区纺织企业人均月工资已达3500~5000元/月，是越南的2~3倍，孟加拉国的近5倍。除了劳动力价格上升外，纺织业用电价格偏高，目前内地纺织企业用电价格普遍为0.7元/千瓦时，是越南波谷电价的近3倍，波峰电价的1.2倍。由于我国纺织业多为中小型企业，企业还面临融资难、融资贵的问题，中小企业融资的政策并未有效落实，中小纺织企业融资问题并未有效改善，目前纺织企业获得贷款利率普遍较基准利率上浮30%左右，综合融资成本平均超过6%，部分企业高达10%以上。纺织业劳动力成本、资源成本及融资成本等综合成本上升，外加逐渐增加的环保成本，纺织企业生产成本不断增加，企业利润空间一再压缩。现在我国纺织业正处于一个"高不成低不就"的位置，科技研发和品牌渠道等方面比不过发达国家，劳动力优势比不过印度、越南、孟加拉国、巴基斯坦等发展中国家，产业传统竞争优势逐步弱化。

11.2.5 区域结构优化不可持续，大多企业是奔着优惠政策去的

2014年后纺织业区域结构优化效果凸显，当年新疆为解决当地少数民族就业问题大力发展纺织服装业，并为产业发展提供了许多的优惠政策，2015年新疆新增纺织服装企业382家，2016年新增纺织服装企业525家，备案纺织服装企业由2014年的680家增长到2016年的2083家，"大力发展纺织服装产业带动百万人就业"工程实施的两年半的时间里，入疆投资的企业数量猛增，造成政策补贴环节的低端产能在短期内急速增加，已经违背了当地政府的初衷。企业追求的是自身利益最大化，很难保证优惠政策一旦取消，这些企业不会回内地发展。新疆虽然是我国棉花的主产区，是纺织业原材料的生产地，但由于远离内地，运输时间长，运输成本高，且远离消费市场，消息很难及时传导到生产成本，这些都是东部纺织企业需要考虑的因素，因此大多企业抱着试

试看的想法，边享受政策边看政策形势。同时，由于新疆生态环境脆弱，像一些印染等高污染、高耗水企业无法在当地发展，产业链上下游环节脱节也会影响纺织品服装的生产进度，这也是纺织企业考虑是否在新疆长久发展的关键因素。

11.3 本章小结

通过对纺织业绿色发展目标达成度测度与制约因素分析得到以下结论：

第一，目标导向下我国纺织业绿色发展水平态势向好，但从目标完成情况来看，2016 年绿色发展目标达成度为 72.7%，资源环境承载力及产业增长目标完成度达 80% 以上，科技创新目标达成度不足 40%，科技创新是纺织业绿色发展的短板。未来纺织业绿色发展的重点应在产业的科技创新方面，在引进先进技术的同时，也要注重消化吸收先进技术，并在此基础上结合产业发展实际情况，提高产业的自主创新研发能力，提高纺织业的国际竞争力。

第二，我国纺织业绿色发展目前存在企业节能减排意识淡薄、污染治理能力低、创新成果科技含量不高、传统竞争优势弱化、产品附加值低及区域结构优化不可持续等问题。

12 促进纺织业绿色发展的政策建议

资源与环境问题是人类面临的共同挑战，绿色发展现已成为衡量产业竞争力的重要因素。虽然我国纺织业绿色发展态势向好，但存在一系列问题，如缺乏完善的绿色发展考核机制、企业环保负担过重、创新驱动力不强、产品市场单一及产品质量较低等诸多问题，可以用供给侧结构性改革的"去产能、去库存、去杠杆、降成本、补短板"等措施对这些问题进行改革，有效提高纺织业的绿色发展效率。因此，本章将在供给侧结构性改革的视角下提出促进纺织业绿色发展的政策建议。

12.1 完善绿色发展激励机制，
提高企业自主环保意识

为保证我国纺织业绿色发展可持续，产业绿色发展动力必须要实现从行政约束的外部压力转向产业主体自发参与的内部动力，而绿色发展新旧动能的交替难免会出现机制体制的不完善。目前，我国纺织业绿色发展体制不完善主要集中于两大方面：绿色发展标准体系不完善和缺乏长效的考核机制。健全绿色发展标准体系既是考核绿色发展绩效的前提条件，也是提高产业绿色发展效率的关键因素。中国纺织工业联合会作为纺织业的行业协会，应在环保部门的相关要求下，制定一套符合纺织业绿色发展的标准，政府相关部门在推进绿色发展过程中要坚持标准先行，以标准为依据，规范企业环保行为。相关部门在制定绿色发展标准时要尽可能顾及每个细分产业，同时也要考虑到中小企业的实际发展情况，制定差异化的绿色发展标准，最大限度提高标准的适用性与可操作性。例如纺织行业废水排放量占整个行业的80%以上，环境污染是其绿色发展的主要问题之一，减排是其绿色发展的重中之重，而纺织服装业的产品质量低，不能满足多元化、时尚化的消费需求，那么增加服装的品种、提高服装的品牌与品质是其绿色发展的主要工作。同时，我国纺织业绿色发展考核机制不应仅局限于规定绿色发展的约束行为，比如限制产业"三废"排放及强度，还应制定相应的激励机制。一方面为了提高绿色发展行动的严肃性，可以以法律法规形式规定绿色发展的约束行为，增加企业的违规违法成本；另一方面可通过税收、价格、财政补贴等经济政策工作，实现外部成本和效益内部化，使市场机制发挥正向激励作用，引导市场主体绿色生产，调动全社会保护生态环境的积极性。但环境污染问题具有很强的外部性，完全依靠市场并不能解决该问题，需要政府的监管。政府要鼓励企业自觉披露社会责任报告，并提高信息披露的水平和质量，提高政府的监管效率。

12.2 加大政策扶持力度，降低企业环保成本

目前我国纺织业发展面临着综合生产成本高、融资难、税收负担重等问

题，随着新《环保法》的实施，《纺织染整工业水污染物排放标准》与《纺织印染工业大气污染物排放标准》对我国印染业的废水与废气排放要求更加严格，自 2018 年 1 月 1 日起，《中华人民共和国环境保护税法》正式施行，环保成本由费改税，环保要素价格开始全面纳入生产体系，企业的环保压力进一步增加，企业经营负担越来越重，需要政府加大政策扶持力度，适度减轻企业负担。一方面通过政策扶持减轻企业的生产成本，让企业有更多的资金投入到环保中去。一是通过解决国内外棉价差问题，建议实施全国性棉花种植直补，取消常态化的限价收放储，取消进口配额和滑准税管理来减轻企业的原料成本；二是通过解决天然纤维加工环节增加税"高征低税"问题，研究出台支持劳动密集型产业发展的税收优惠政策减轻纺织企业税收负担。另一方面政府应根据实际需要设立支持纺织业绿色发展专项基金，用于关键技术开发与推广和环保设施的购买，减轻企业的环保压力，尤其是印染企业。建议国家加大对产业技术进步的支持力度，扩大中央预算资金对纺织关键技术研发创新的投入，设立针对印染产业的技改专项资金。另外对于购买环保设备的企业进行资金补贴，切实解决企业环保负担重的难题。

12.3　加快自主创新步伐，增强创新驱动的支撑力

创新是推进供给侧结构性改革的必然要求，是产业绿色发展的重要推动力。党的十八大报告明确提出要实施创新驱动发展战略，提高原始创新、集成创新和引进消化吸收再创新能力。对于纺织业来说，无论是产业链前端还是终端，创新驱动都应该渗透到每个环节。近年来纺织业加大了对技术创新要素的投入，相应的科技成果数量逐年递增，但对纺织业绿色发展的拉动力不强。比

如纺织企业的专利授权数增加，但外观设计专利占比大，并且专利应用性不强，大多专利处于"闲置"状态。因此纺织业应结合全球纺织发展趋势，围绕关键技术，建设以企业为主体、以市场为导向、产学研相结合的创新体系，促进科技与产业发展对接，创新成果与产业引用对接，提高科技成果转化率。绿色发展要求纺织业以提高发展质量和效益为中心，以增品种、提品质、创品牌为重点，加快提升创意设计能力，增强纺织服装品牌的文化底蕴和文化自信，适应不断升级的个性化、时尚化、功能化消费需求，提升品牌内涵、品牌附加值和软实力，真正实现"中国制造"向"中国智造"的转变。同时，不同企业规模其创新发展战略有所差异，即坚持大企业做实、做强，中小企业做专、做精、做特，推进强国建设目标。纺织业中90%是中小型企业，因此在推进纺织强国建设的过程中，大企业做实做强，为中小企业生存和发展提供良好的环境，中小企业做专、做精、做特，为大企业做实做强奠定坚实的基础。

12.4 优化产业内部结构，重塑产业比较优势

协调发展是纺织业持续发展的内在要求，合理的产业布局有助于重塑产业比较优势，寻找新定位，承担新角色，从根本上解决纺织业发展"不平衡不充分"问题，提高资源的配置效率。目前我国纺织品主要集中在家纺和服装市场，产品的科技含量不高，附加值低，因此为提高我国纺织品国际竞争力，应积极开拓产业用纺织品市场，扩大产业涉及领域，提高产业抗风险能力。产业用纺织品作为纺织业中技术含量高、应用范围广、市场潜力大的战略性新材料的重要组成部分，也是我国纺织业主要经济增长极，涉及医疗业、交通业与航空业等多个行业，通过涉足多元化市场，扩大产品投资领域，再塑产业竞争

优势。除了产品结构外，还需要继续优化区域结构，毕竟不同地区的企业其要素禀赋结构不同，发展战略呈现差异化。东部沿海纺织企业应充分发挥区位优势，利用技术、资金、研发、品牌、营销渠道的优势，重点发展技术含量高、附加值高、资源消耗低的纺织产品；中西部纺织企业则应依托特色资源优势和边境区位优势，大力发展服装、家纺、针织等劳动密集型产业，有效带动当地就业，同时充分发挥新疆"丝绸之路经济带"核心区和向西开放重要窗口作用，进一步开拓国际市场。同时也要注重国内市场与国际市场的协调发展，完善资源能力配置，引导有实力的纺织企业"走出去"，形成有竞争优势的跨国产业链，引导优势企业全球资源整合，提升价值链高端掌控能力。

12.5 大力实施"三品"战略，
助推产业可持续发展

随着纺织业的迅速发展，诸多新生品牌层出不穷，然而我国纺织品牌成为国际品牌的少之又少，我国纺织行业应加强自身品牌建设，不断提高产品的质量，来扩大国际的市场占有率和影响力。纺织业绿色发展应深入贯彻《纺织工业发展规划（2016—2020年）》提出的工作要求，大力实施以增品种、提品质及创品牌为内容的"三品"战略：一是优化产品结构，企业应在市场调研的基础上充分挖掘消费热点和需求盲点，扩大中高端纺织服装产品供给；加强产品形态、产品功能及消费体验等各环节创意设计，开发时尚化、个性化产品，满足多元化的消费需求。二是提升质量保障能力，全行业需要大力弘扬和培育精益求精的工匠精神，树立质量为先的经营理念；加强从原料采购到生产销售全流程质量管控，推进质量追溯体系和测量管理体系建设，提高企业质量保证能力和产品消费安全；支持企业采用先进技术装备组织生产，扩大在线计量检测控制系统应用，提高生产过程产品质量控制的精准性和一致性。三是发挥各方联动作用，大力推进品牌建设。将设计创意能力强的纺织服装品牌企业列入文化创意产业范畴，将研发水平高的品牌企业列入高新技术企业范畴，为其提供税收和研发支出超额抵扣等政策优惠。提高品牌培育能力，有效提升品牌价值，在全行业推动品牌培育管理体系及关键环节建设，培养品牌企业中高级设计创新、工艺技术、营销管理等人才队伍，促进产业链上下游品牌协调发展。同时注重宣传推广，提升自主品牌形象，聚集商务、文化、宣传等各方资源，通过电视及互联网等主流媒体，有计划、分步骤地加强自主品牌宣传推广，提高自主品牌在国内与国际的美誉度和影响力。

参考文献

［1］蔡昉．以提高全要素生产率推动高质量发展［N］．人民日报，2018-11-09（007）．

［2］杨伟民．经济发展思路浮现［J］．西部大开发，2017（10）：15-16．

［3］金碚．关于"高质量发展"的经济学研究［J］．中国工业经济，2018（04）：5-18．

［4］刘迎秋．中小民营企业及其高质量发展的路径选择［J］．光彩，2018（12）：23-25．

［5］李伟．高质量发展的六大内涵［J］．中国林业产业，2018（21）：50-51．

［6］张军扩．实现高质量发展的关键在哪里［J］．现代国企研究，2018（07）：42-45．

［7］马晓河．经济学家马晓河眼中的改革［J］．财经界，2018（13）：15-17．

［8］姜长云．服务业高质量发展的内涵界定与推进策略［J］．改革，2019（06）：41-52．

［9］颜波，亢霞，姜明伦，曾伟．我国粮食产业高质量发展研究［J］．中国粮食经济，2019（12）：43-46.

［10］程国强．中国棉业：迈向高质量发展的逻辑与选择［J］．中国棉麻产业经济研究，2018（01）：15-16.

［11］廖群．"高质量发展"内涵何在？［R］．首席经济学家论坛，2018.

［12］李雪源，郑巨云，等．精准把握和推动我国棉花产业高质量发展［J］．中国棉麻产业经济研究，2018（03）：8.

［13］武建设，陈学庚．新疆兵团棉花生产机械化发展现状问题及对策［J］．农业工程学报，2015，31（18）：5-10.

［14］赵新民，张杰，王力．兵团机采棉发展：现状、问题与对策［J］．农业经济问题，2013，34（03）：87-94.

［15］李豫新，付金存．产业链视角下棉花产业竞争力研究——以新疆生产建设兵团为例［J］．农业现代化研究，2011，32（01）：19-22.

［16］韩若冰．山东棉花生产的衰退与应对战略研究［D］．泰安：山东农业大学，2015.

［17］Khalid Usman, Niamatullah Khan, Muhammad Umar Khan, Aziz ur Rehman, Said Ghulam. Impact of Tillage and Herbicides on Weed Density, Yield and Quality of Cotton in Wheat Based Cropping System［J］. Journal of Integrative Agriculture, 2013, 12（09）：1568-1579.

［18］Dexter B. Watts, G. Brett Runion, Kipling S. Balkcom. Nitrogen Fertilizer Sources and Tillage Effects on Cotton Growth, Yield, and Fifiber Quality in a Coastal Plain Soil［J］. Field Crops Research, 2017（201）：184-191.

［19］R. K. Byler, A. G. Jordan. Model of Cotton Bale Weight Changes Related to Bagging［J］. Applied Engineering in Agriculture, 2010, 26（02）：203-208.

［20］Yongliang Liu, Devron Thibodeaux, Gary Gamble, Philip Bauer, Don VanDerveer. Simple XRD Algorithm for Direct Determination of Cotton Crystallinity ［P］. Defense, Security, and Sensing, 2012.

［21］晁娜娜，胡林轩，等. 中美棉花保险政策的对比研究［J］. 农业现代化研究，2018，39（01）：71-79.

［22］陈昌兵. 新时代我国经济高质量发展动力转换研究［J］. 上海经济研究，2018（05）：16-24+41.

［23］陈传强，蒋帆，张晓洁，等. 我国棉花生产全程机械化生产发展现状、问题与对策［J］. 中国棉花，2017，44（12）：1-4.

［24］崔晓，张屹山. 中国农业环境效率与环境全要素生产率分析［J］. 中国农村经济，2014（08）：4-16.

［25］代瑞熙，张亦弛，张益. 美国棉花产业政策的转变与经验借鉴［J］. 世界农业，2017（09）：99-104.

［26］程文明，王力，赵新民，等. 棉花价格保险的探索与思考——基于新疆生产建设兵团的实践［J］. 金融理论与实践，2019（05）：1-8.

［27］迟福林. 转向高质量发展，要突出强调动力变革［J］. 环境经济，2018（05）：38-41.

［28］戴公兴. 践行责任 共同发力 推动中国棉业高质量发展［J］. 中国棉麻产业经济研究，2018（02）：6-8.

［29］方言，张亦弛. 美国棉花保险政策最新进展及其对中国农业保险制度的借鉴［J］. 中国农村经济，2017（05）：88-96.

［30］吴利学，贾中正. "高质量发展"中"质量"内涵的经济学解读［J］. 发展研究，2019（02）：74-79.

［31］邱耕田，张荣洁. 论包容性发展［J］. 学习与探索，2011（01）：53-57.

[32] 高芳．中国棉业形势：回顾与展望［J］．中国棉麻产业经济研究，2018（02）：9-10.

[33] 高鸣，宋洪远，Michael Carter．粮食直接补贴对不同经营规模农户小麦生产率的影响——基于全国农村固定观察点农户数据［J］．中国农村经济，2016（08）：56-69.

[34] 郜亮亮，杜志雄．棉花目标价格改革对国内棉花市场影响的实证分析［J］．改革，2018（07）：137-147.

[35] 关建波，谭砚文．良种补贴对中国棉花生产效率的影响分析［J］．农业技术经济，2014（03）：49-56.

[36] 辛岭，安晓宁．我国农业高质量发展评价体系构建与测度分析［J］．经济纵横，2019（05）：109-118.

[37] 李俊玲，戴朝忠，吕斌，胥爱欢，张景智．新时代背景下金融高质量发展的内涵与评价——基于省际面板数据的实证研究［J］．金融监管研究，2019（01）：15-30.

[38] 张震，刘雪梦．新时代我国15个副省级城市经济高质量发展评价体系构建与测度［J］．经济问题探索，2019（06）：20-31+70.

[39] 魏敏，李书昊．新时代中国经济高质量发展水平的测度研究［J］．数量经济技术经济研究，2018，35（11）：3-20.

[40] 郭淑芬，裴耀琳，任建辉．基于三维变革的资源型地区高质量发展评价体系研究［J］．统计与信息论坛，2019，34（10）：27-35.

[41] 李梦欣，任保平．新时代中国高质量发展的综合评价及其路径选择［J］．财经科学，2019（05）：26-40.

[42] 华坚，胡金昕．中国区域科技创新与经济高质量发展耦合关系评价［J］．科技进步与对策，2019，36（08）：19-27.

[43] 李金昌，史龙梅，徐蔼婷．高质量发展评价指标体系探讨［J］．统

计研究, 2019, 36 (01): 4-14.

[44] 苏剑. 从全要素生产率看高质量发展 [N]. 光明日报, 2019-03-15 (011).

[45] 张治栋, 廖常文. 全要素生产率与经济高质量发展——基于政府干预视角 [J]. 软科学, 2019, 33 (12): 29-35.

[46] 刘秉镰, 陈诗一. 增长动力转换与高质量发展 [J]. 经济学动态, 2019 (06): 63-72.

[47] 蔡跃洲, 陈楠. 新技术革命下人工智能与高质量增长、高质量就业 [J]. 数量经济技术经济研究, 2019, 36 (05): 3-22.

[48] 王一鸣. 深化供给侧结构性改革 推动经济高质量发展 [J]. 全球化, 2019 (02): 14-18+133.

[49] 刘帅. 中国经济增长质量的地区差异与随机收敛 [J]. 数量经济技术经济研究, 2019, 36 (09): 24-41.

[50] 黄庆华, 时培豪, 胡江峰. 产业集聚与经济高质量发展: 长江经济带107个地级市例证 [J]. 改革, 2020 (01): 87-99.

[51] 王振华, 李萌萌, 江金启. 交通可达性对城市经济高质量发展的异质性影响 [J]. 经济与管理研究, 2020, 41 (02): 98-111.

[52] 王竹君, 任保平. 基于高质量发展的地区经济效率测度及其环境因素分析 [J]. 河北经贸大学学报, 2018, 39 (04): 8-16.

[53] 邢夫敏, 孙琳. 基于旅游效率的江苏省旅游业高质量发展 [J]. 企业经济, 2019, 38 (10): 55-60.

[54] 杨恺钧, 闵崇智. 高质量发展要求下工业绿色全要素能源效率——基于中国"一带一路"沿线省份的实证 [J]. 管理现代化, 2019, 39 (04): 114-117.

[55] 周宾. 区域经济高质量发展的驱动力效率分解与TFP变化收敛性分

析［J］. 经济与管理评论，2020，36（02）：133-148.

［56］田伟，杨璐嘉，姜静. 低碳视角下中国农业环境效率的测算与分析——基于非期望产出的 SBM 模型［J］. 中国农村观察，2014（05）：59-71+95.

［57］宋玉兰，周应恒，严斌剑. 基于要素贡献视角的中国棉花生产增长路径研究［J］. 统计与决策，2013（12）：95-98.

［58］Jikun Huang, et al. Biotechnology as an Alternative to Chemical Pesticides：A Case Study of Bt Cotton in China［J］. Agricultural Economics，2003，29（01）：55-67.

［59］Qaim Matin, et al. Adoption of Bt Cotton and Impact Variability：Insights from India［J］. Review of Agricultural Economics，2006，28（01）：48-58.

［60］Shahzad Kouser, Matin Qaim. Impact of Bt Cotton on Pesticide Poisoning in Smallholder Agriculture：A Panel Data Analysis［J］. Ecological Economics，2011，70（11）：2105-2113.

［61］白岩，毛树春，田立文，李莉，董合忠. 新疆棉花高产简化栽培技术评述与展望［J］. 中国农业科学，2017，50（01）：38-50.

［62］Fuqiang Tian, Pengju Yang, Hongchang Hu, Chao Dai. Partitioning of Cotton Field Evapotranspiration under Mulched Drip Irrigation Based on a Dual Crop Coefficient Model［J］. Water，2016，8（03）：72.

［63］刘北桦，雷钧，詹玲，宋杨，杨照. 全程机械化：新疆棉花产业发展的必然选择——以新疆博乐市达勒特镇呼热布呼村为例［J］. 中国农业资源与区划，2014，35（01）：8-11+43.

［64］何立峰. 深入贯彻新发展理念 推动中国经济迈向高质量发展［J］. 宏观经济管理，2018（04）：4-5+14.

［65］胡少华，邱斌. 棉花产出增长中的政策、制度、技术与区域因素

［J］．中国农村经济，2004（03）：54-58.

　［66］黄季焜，王丹，胡继亮．对实施农产品目标价格政策的思考——基于新疆棉花目标价格改革试点的分析［J］．中国农村经济，2015（05）：10-18.

　［67］李国祥．我国农业支持制度改革创新探讨［J］．新视野，2015（05）：39-46.

　［68］加治堂，张龙，张军．棉花补贴政策变化对新疆棉花产业的影响——以阿克苏地区为例［J］．金融发展评论，2015（05）：83-93.

　［69］李晓钟，黄蓉．工业4.0背景下我国纺织产业竞争力提升研究——基于纺织产业与电子信息产业融合视角［J］．中国软科学，2018（02）：21-31.

　［70］刘锐，杜珉，陈洁．我国棉花生产的技术进步分析［J］．农业技术经济，2010（11）：100-107.

　［71］刘艳梅．下一步棉花目标价格补贴试点改革的政策设计［J］．宏观经济研究，2016（10）：35-39+62.

　［72］刘宇，周梅芳，郑明波．财政成本视角下的棉花目标价格改革影响分析——基于CGE模型的测算［J］．中国农村经济，2016（10）：70-81.

　［73］马琳．2014年中国棉纺织行业发展报告［J］．中国棉麻产业经济研究，2015（05）：4-8.

　［74］马琼，王雅鹏，尹宁．中国棉花生产的环境外部性价值评估［J］．生态经济，2015，31（05）：103-107.

　［75］马琼，王彦发，侯玉龙．中美棉花补贴政策的对比分析及经验借鉴［J］．广东农业科学，2018，45（11）：167-172.

　［76］马瑛．新疆棉花生产性废弃物处理方式的影响因素分析［J］．中国农业资源与区划，2016，37（01）：23-29.

[77] 毛树春,李付广,中国农业科学院棉花研究所．当代全球棉花产业 [M]．北京：中国农业出版社,2016.

[78] 毛树春,李亚兵,王占彪,等．农业高质量发展背景下中国棉花产业的转型升级 [J]．农业展望,2018,14 (05)：39-45.

[79] 农业部农村经济研究中心课题组．农业供给侧结构性改革：难点与对策 [M]．北京：中国农业出版社,2017.

[80] 彭玉亮．比较优势与我国棉花生产布局变动研究 [J]．求索,2010 (10)：1-4.

[81] 任保平,李禹墨．新时代我国经济从高速增长转向高质量发展的动力转换 [J]．经济与管理评论,2019,35 (01)：5-12.

[82] 石晶,李林．我国棉花主产区全要素生产率测算及收敛性分析 [J]．统计与决策,2014 (04)：120-123.

[83] 谭晓艳,张晓恒,游良志．自然因素和政策干预对中国棉花生产布局变迁的影响 [J]．农业技术经济,2020 (04)：79-93.

[84] 谭砚文,关建波．我国棉花储备调控政策的实施绩效与评价 [J]．华南农业大学学报（社会科学版）,2014,13 (02)：69-77.

[85] 王力,何韶华．新疆棉花目标价格政策实施效果研究 [J]．价格理论与实践,2018 (08)：147-150.

[86] 王力,刘小凤,程文明,等．棉花"价格保险+期货"试点改革的思考——基于新疆棉花主产区数据的分析 [J]．价格理论与实践,2019 (09)：100-103.

[87] 徐榕阳,马琼．基于随机前沿生产函数的新疆棉花生产技术效率分析——以棉农问卷调查数据为例 [J]．干旱区资源与环境,2017,31 (04)：22-27.

[88] 闫庆华,刘维忠,秦子．国际棉花现货价格波动及短期预测研究

［J］．资源开发与市场，2017，33（05）：575-578+640.

［89］叶戬春．棉纺企业对棉花质量的需求［J］．中国纤检，2018（01）：24-29.

［90］尹坚．更好发挥政府在棉业高质量发展中的作用［J］．中国棉麻产业经济研究，2018（01）：16-17.

［91］于雅雯，余国新，魏敬周．供给侧改革背景下新疆棉花生产布局空间变化及影响因素分析［J］．干旱区资源与环境，2019，33（05）：74-80.

［92］喻树迅，姚穆，马峙英，等．快乐植棉［M］．北京：中国农业科学技术出版社，2016.

［93］岳会，于法稳．中国棉花绿色全要素生产率研究——基于 Malmquist-Luenberger 指数分析［J］．价格理论与实践，2019（10）：43-47+166.

［94］翟雪玲，李冉．价格补贴试点与政策匹配：例证棉花产业［J］．改革，2015（10）：89-100.

［95］翟雪玲，张杰．中国棉花产业供给侧结构性改革现状与展望［J］．农业展望，2018，14（08）：53-58.

［96］翟雪玲．近年来中国棉花支持政策变化及生产形势分析与展望［J］．农业展望，2019，15（02）：74-77+96.

［97］张杰，杜珉．新疆棉花目标价格补贴实施效果调查研究［J］．农业经济问题，2016，37（02）：9-16+110.

［98］张杰，王力，赵新民．我国棉花产业的困境与出路［J］．农业经济问题，2014，35（09）：28-34+110.

［99］周晓琴，杨乐，杨令飞．新疆农业面源污染物排放量估算及分析［J］．农业环境科学学报，2017，36（07）：1300-1307.

［100］徐丽萍，杨其军，王玲，吕新．新疆地区农业面源污染空间分异研究［J］．水土保持通报，2011，31（04）：150-153+158.

［101］熊文强，王新杰．农业清洁生产模型与实证研究［J］．中国人口·资源与环境，2010，20（11）：154-160.

［102］靳孟贵，刘延锋，董新光，周金龙．节水灌溉与农业面源污染控制研究——以新疆焉耆盆地为例［J］．地质科技情报，2002（01）：51-54.

［103］弥艳，常顺利，师庆东，高翔，黄聪．农业面源污染对丰水期艾比湖流域水环境的影响［J］．干旱区研究，2010，27（02）：278-283.

［104］严昌荣，王序俭，等．新疆石河子地区棉田土壤中地膜残留研究［J］．生态学报，2008（07）：3470-3474.

［105］崔俊富，陈金伟，邹一南．基于 Malmquist 指数与面板模型的中国科技创新研究［J］．首都经济贸易大学学报，2018，20（05）：3-9.

［106］王敏琴，王建华，赵利梅．基于全要素生产率视角的家庭农场创新驱动研究——来自无锡 228 户家庭农场的经验数据［J］．农村经济，2017（05）：32-38.

［107］罗亚非，王海峰，范小阳．研发创新绩效评价的国际比较研究［J］．数量经济技术经济研究，2010，27（03）：28-41.

［108］金书秦，杜珉，魏珣，孙雨．棉花种植的环境影响及可持续发展建议［J］．中国农业科技导报，2011，13（06）：110-117.

［109］马瑛，王保力，等．新疆棉农对农业面源污染防治的态度和支付意愿研究［J］．中国农业资源与区划，2016，37（07）：150-156+181.

［110］张志祺，马瑛，王保力．棉农参与农业面源污染治理意愿的影响因素分析——以新疆玛纳斯县为例［J］．天津农业科学，2016，22（02）：43-47.

［111］中国棉麻流通经济研究会．关于完善我国内地棉花种植补贴政策的意见建议［J］．中国棉麻产业经济研究，2017（03）：1-3.

［112］朱满德，程国强．棉花目标价格补贴试点政策成效及完善建议

［J］．经济纵横，2017（11）：90-96.

［113］祝宏辉，耿蕾．新疆棉花生产技术效率及影响因素分析［J］．新疆社会科学，2015（01）：32-36.

［114］Abedullah，Kouser S.，Qaim M.，et al. Bt Cotton，Pesticide Use and Environmental Efficiency in Pakistan［J］．Journal of Agricultural Economics，2015，66（01）：66-86.

［115］Aparicio J.，Barbero J.，Kapelko M.，et al. Testing the Consistency and Feasibility of the Standard Malmquist-Luenberger Index：Environmental Productivity in World Air Emissions［J］．Journal of Environmental Management，2017（196）：148-160.

［116］Chebil A.，Frija A.，Alyani R.，et al. Measurement of the Total Factor Productivity and Its Determinants：The Case of the Wheat Sector in Tunisia［J］．New Medit：Mediterranean Journal of Economics，Agriculture and Environment，2016，15（02）：22-27.

［117］李佐军．引领经济新常态　走向好的新常态［J］．国家行政学院学报，2015（01）：21-25.

［118］洪银兴．准确认识供给侧结构性改革的目标和任务［J］．中国工业经济，2016（06）：14-21.

［119］李翀．论供给侧改革的理论依据和政策选择［J］．经济社会体制比较，2016（01）：9-18.

［120］范必．供给侧改革应着重打破供给约束［J］．宏观经济管理，2016（06）：11-18.

［121］张东旭．供给侧结构性改革中改善金融错配［J］．中国党政干部论坛，2016（06）：72-74.

［122］李稻葵．关于供给侧结构性改革［J］．理论视野，2015（12）：

16-19.

[123] 迟福林. 经济转型升级基本趋势与结构性改革的重点任务 [J].学术界, 2016 (01)：5-12.

[124] 孔祥智. 农业供给侧结构性改革的基本内涵与政策建议 [J].改革, 2016 (02)：104-115.

[125] 黄祖辉, 傅琳琳, 李海涛. 我国农业供给侧结构调整：历史回顾、问题实质与改革重点 [J]. 南京农业大学学报（社会科学版），2016，16 (06)：1-5+152.

[126] 黄群慧. 论中国工业的供给侧结构性改革 [J]. 中国工业经济，2016 (09)：5-23.

[127] 张志元, 王梓宸. 推进东北老工业基地供给侧结构性改革的思考 [J]. 改革与战略, 2017, 33 (05)：111-116.

[128] 陈洋林, 张长全, 蒋少华. 商业养老保险低参与率与保险供给侧结构性改革——来自中国综合社会调查（CGSS）的证据 [J]. 当代经济管理, 2017 (12)：83-91.

[129] 米会龙. 新疆棉纺织业国际竞争力研究 [D]. 石河子：石河子大学, 2006.

[130] 肖丽莉. 中国纺织业出口国际竞争力分析 [D]. 北京：首都经济贸易大学, 2007.

[131] 胡一伦. 后配额时代中国纺织业竞争力研究 [D]. 南京：南京理工大学, 2009.

[132] 叶茂升, 肖德. 我国东部地区纺织业转移的区位选择——基于超效率 DEA 模型的解析 [J]. 国际贸易问题, 2013 (08)：83-94.

[133] 王志明. 我国纺织业国际竞争力分析与提升 [J]. 财贸经济, 2000 (10)：63-68.

［134］李莹，商悦．后配额时代我国纺织服装业国际竞争力评价［J］．河南理工大学学报（社会科学版），2009，10（04）：600-604.

［135］李双燕，赵文武．中国纺织品服装的国际竞争力研究［J］．中原工学院学报，2005（05）：33-36.

［136］余为丽．中国纺织业国际竞争力的实证分析［J］．南开管理评论，2006（05）：95-98+106.

［137］郝凯，尚会英，虢精明．我国纺织服装产业的国际竞争力提升分析［J］．商场现代化，2007（01）：15-16.

［138］任晓丽．中国纺织产业国际竞争力的实证分析［J］．毛纺科技，2008（11）：59-63.

［139］江爱情．绍兴纺织业的国际竞争力分析——基于出口评价指数的视角［J］．科技信息，2012（07）：27+54.

［140］徐燕．排污权交易对纺织业国际竞争力的影响——基于浙江绍兴实践经验的分析［J］．浙江社会科学，2015（03）：149-152+161.

［141］高巍．中国和印度纺织业竞争力比较与合作建议［J］．国际贸易，2006（08）：13-17.

［142］谢国娥，赖颖怡．两岸纺织业竞争力比较及 ECFA 框架下的合作［J］．国际经济合作，2011（08）：82-87.

［143］孙琪．我国纺织服装业提升国际竞争力的路径选择——以浙江宁波为例［J］．经济问题，2007（04）：57-59.

［144］程红莉．产业内贸易水平及其对国际竞争力的影响——以中国纺织业为例的研究［J］．经济理论与经济管理，2008（11）：59-63.

［145］黄慧婧．环境规制对中国纺织业国际竞争力影响的实证研究［J］．湖北文理学院学报，2014，35（06）：40-46.

［146］李豫新，刘乐．丝绸之路经济带背景下纺织业竞争力评价与动态

预测——以新疆为例［J］．科技管理研究，2016，36（17）：72-78.

［147］刘镜．我国纺织业竞争力及其效率关系研究［J］．商业经济研究，2015（09）：131-133.

［148］胡征月，高丽静，高凯东．浙江省纺织业技术创新对产业竞争力的影响研究［J］．统计科学与实践，2014（04）：24-26.

［149］李颖，杨慧敏，刘乃全．新经济地理视角下产业转移的动力机制——以纺织业为例的实证分析［J］．经济管理，2012，34（03）：30-40.

［150］吴爱芝，孙铁山，李国平．中国纺织服装产业的空间集聚与区域转移［J］．地理学报，2013，68（06）：775-790.

［151］茅蓓蓓．基于产业转移的中国纺织业对外投资环境评价研究［D］．上海：东华大学，2012.

［152］张舒．劳动密集型产业向中西部地区转移的潜在风险不容忽视［J］．经济纵横，2013（06）：47-53.

［153］孟浩，王仲智，李建豹，周艳，肖智．基于加工产业链的泛长三角纺织业空间格局演化［J］．经济地理，2017，37（06）：107-113.

［154］石林．新疆承接产业转移的行业选择与空间布局研究［D］．乌鲁木齐：新疆财经大学，2014.

［155］周正柱，孙明贵．产业转移特征及其与企业亏损、劳动力转移关系研究［J］．工业技术经济，2012，31（05）：120-128.

［156］贺胜兵，刘友金，周华蓉．沿海产业为何难以向中西部地区转移——基于企业网络招聘工资地区差异的解析［J］．中国软科学，2012（01）：160-169.

［157］豆建民，沈艳兵．产业转移对中国中部地区的环境影响研究［J］．中国人口·资源与环境，2014，24（11）：96-102.

［158］耿文才．新经济地理学视角下中国纺织业区际转移的粘性分析

［J］．地理研究，2015，34（02）：259-269.

［159］丁珏．中国区域纺织业的要素密集型及其逆转的测度［J］．统计与决策，2010（12）：103-105.

［160］毛蕴诗，金娅婷，吴东旭．从我国台湾地区纺织业经验看大陆企业转型升级［J］．当代经济管理，2011，33（08）：49-55.

［161］张伟明，于蔚．产业集群与转型升级——基于浙江纺织业的研究［J］．浙江学刊，2013（01）：208-214.

［162］张舒．产业升级路径：产品质量阶梯的视角［J］．财经问题研究，2014（10）：41-47.

［163］王仲智，孟浩，华瑾，马彦珺，杨晶晶．泛长三角地区纺织业的集聚与转移［J］．世界地理研究，2015，24（02）：123-130+157.

［164］寇建龙．基于绍兴纺织业现状与转型升级路径的调查研究［J］．企业技术开发，2016，35（23）：129-132.

［165］奚缨，许怀远．浅析企业专利战略对纺织产业转型升级的意义［J］．上海纺织科技，2013，41（11）：61-64.

［166］邱红，林汉川．全球价值链、企业能力与转型升级——基于我国珠三角地区纺织企业的研究［J］．经济管理，2014，36（08）：66-77.

［167］刘思华．科学发展观视域中的绿色发展［J］．当代经济研究，2011（05）：65-70.

［168］胡鞍钢，周绍杰．绿色发展：功能界定、机制分析与发展战略［J］．中国人口·资源与环境，2014，24（01）：14-20.

［169］李萌．中国"十二五"绿色发展的评估与"十三五"绿色发展的路径选择［J］．社会主义研究，2016（03）：62-71.

［170］杨宜勇，吴香雪，杨泽坤．绿色发展的国际先进经验及其对中国的启示［J］．新疆师范大学学报（哲学社会科学版），2017，38（02）：18-

24+2.

[171] 张乾元,苏俐晖. 绿色发展的价值选择及其实现路径 [J]. 新疆师范大学学报 (哲学社会科学版),2017,38 (02):25-32.

[172] 马建堂. 科学发展铸就辉煌 [J]. 求是,2012 (12):11-14.

[173] 吕福新. 绿色发展的基本关系及模式——浙商和遂昌的实践 [J]. 管理世界,2013 (11):166-169.

[174] 苏利阳,郑红霞,王毅. 中国省际工业绿色发展评估 [J]. 中国人口·资源与环境,2013,23 (08):116-122.

[175] 钟茂初. 产业绿色化内涵及其发展误区的理论阐释 [J]. 中国地质大学学报 (社会科学版),2015,15 (03):1-8.

[176] 游士兵,刘志杰,黄炳南,杨涛. 3G-GDP 国民经济核算理论初探 [J]. 中国工业经济,2010 (06):15-24.

[177] 金雨泽,黄贤金. 基于资源环境价值视角的江苏省绿色 GDP 核算实证研究 [J]. 地域研究与开发,2014,33 (04):131-135.

[178] 李晓西,刘一萌,宋涛. 人类绿色发展指数的测算 [J]. 中国社会科学,2014 (06):69-95+207-208.

[179] 李文正. 基于层次分析法的陕西省城市绿色发展区域差异测度分析 [J]. 水土保持研究,2015,22 (05):152-157.

[180] 郭永杰,米文宝,赵莹. 宁夏县域绿色发展水平空间分异及影响因素 [J]. 经济地理,2015,35 (03):45-51+8.

[181] 张欢,罗畅,成金华,王鸿涛. 湖北省绿色发展水平测度及其空间关系 [J]. 经济地理,2016,36 (09):158-165.

[182] 何剑,王欣爱. 中国产业绿色发展的时空特征分析 [J]. 科技管理研究,2016,36 (21):240-246.

[183] 李琳,王足. 我国区域制造业绿色竞争力评价及动态比较 [J].

经济问题探索，2017（01）：64-71+81.

［184］苏红键，李红玉．中国制造企业绿色发展评价——来自上市公司的数据资料［J］．开发研究，2017（02）：57-62.

［185］潘丹，应瑞瑶．资源环境约束下的中国农业全要素生产率增长研究［J］．资源科学，2013，35（07）：1329-1338.

［186］李谷成．中国农业的绿色生产率革命：1978—2008年［J］．经济学（季刊），2014，13（02）：537-558.

［187］吴英姿，闻岳春．中国工业绿色生产率、减排绩效与减排成本［J］．科研管理，2013，34（02）：105-111+151.

［188］景维民，张璐．环境管制、对外开放与中国工业的绿色技术进步［J］．经济研究，2014，49（09）：34-47.

［189］雷明，邓洁，赵欣娜，虞晓雯．中国寿险业效率评价（2008—2010）——基于组合型两阶段DEA模型［J］．中国管理科学，2012，20（S2）：859-864.

［190］何枫，祝丽云，马栋栋，姜维．中国钢铁企业绿色技术效率研究［J］．中国工业经济，2015（07）：84-98.

［191］袁润松，丰超，王苗，黄健柏．技术创新、技术差距与中国区域绿色发展［J］．科学学研究，2016，34（10）：1593-1600.

［192］王兵，黄人杰．中国区域绿色发展效率与绿色全要素生产率：2000—2010——基于参数共同边界的实证研究［J］．产经评论，2014，5（01）：16-35.

［193］吴建新，黄蒙蒙．中国城市经济的绿色转型：基于环境效率和环境全要素生产率的分析［J］．产经评论，2016，7（06）：98-115.

［194］王凯风，吴超林．中国城市绿色全要素生产率的时空演进规律——基于Global Malmquist-Luenberger指数和ESDA方法［J］．管理现代

化，2017，37（05）：33-36.

[195] 李卫兵，涂蕾. 中国城市绿色全要素生产率的空间差异与收敛性分析 [J]. 城市问题，2017（09）：55-63.

[196] Altay N. O., A. Gacaner. Turkey's Dynamics of Competition: Competitiveness of the Textile and Clothing Industry [R]. Ankara: ERC/METU 2003 International Economy Congress, 2003.

[197] Balasubramanyam V. N., W. Yingqi. Textiles and Clothing Exports from India and China: A Comparative Analysis [J]. Journal of Chinese Economic & Business Studies, 2005（01）：23-37.

[198] Lee Young A. Michigan Apparel and Textile Industry: Characterization and Needs Assessment [J]. Michigan State University, 2002（04）：40-42.

[199] Asalos Nicoleta, Dinu Laurentiu, Vasile Iulian. A Way to Rise Competitiveness in Textile Industry According to Innovation – Research – Development [J]. Ovidius University Annals, Economic Sciences Series, 2014（02）：276-280.

[200] Girneata Adriana, Dobrin Cosmin. Globalization and the Competitiveness of the European Textile and Clothing Industry [J]. The Journal of the Faculty of Economics – Economic, 2015（01）：1102-1108.

[201] Muhammad Nadim Hanif. Financial Development and Textile Sector Competitiveness [J]. South Asia Economic Journal, 2008, 9（01）：141-158.

[202] Chi-Keung Lau, Kin-Man, Zhiming Zhang, Jing Chen. Determinants of Competitiveness: Observations in China's Textile and Apparel Industries [J]. China & World Economy, 2009, 17（02）：45-64.

[203] Lau, Chi Keung Marco, Suvankulov, Farrukh, Karabag, Solmaz Filiz. Determinants of Firm Competitiveness: Case of the Turkish Textile and Apparel In-

dustry [J] . Journal of the Textile Institute Proceedings & Abstracts, 2014, 105 (01): 1-11.

[204] Ulrich Adler. Structural Change: The Dominant Feature in the Economic Development of the German Textile and Clothing Industries [J] . Journal of Fashion Marketing and Management, 2004, 8 (03): 300-319.

[205] S. Gary Teng, Hector Jaramillo. Integrating the US Textile and Apprel Supply Chain with Small Companies in South America [J] . Supply Chain Management, 2006, 11 (01): 44-55.

[206] Jack Reardon. Comments on "Green Economics: Setting the Scene. Aims, Context, and Philosophical Underpinnings of the Distinctive New Solutions Offered by Green Economics" [J] . International Journal of Green Economics, 2007, 1 (3/4): 532-538.

[207] Fare R. , S. Grosskoph, C. Lovell, C. Pasurka. Multilateral Productivity Comparisons When Some Outputs are Undesirable: A Non-Parametric Approach [J] . The Review of Economics and Statistics, 1989 (71): 90-98.

[208] Reinhard S. , C. Lovell, G. Thijissen. Environmental Efficiency with Multiple Environmentally Detrimental Variables: Estimated with SFA and DEA [J] . European Journal of Operational Research, 2000, 121 (10): 287-303.

[209] Hailu A. , T. Veeman. Non-Parametric Productivity an Application to the Canadian Pulp and Paper Industry [J] . American Journal of Agricultural Economics, 2001 (83): 805-816.

[210] Zhu J. , Chen Y. Assessing Textile Factory Performance [J] . Journal of System Science and System Engineering, 1993 (02): 119-133.

[211] Scheel H. Undesirable Outputs Inefficiency Valuations [J] . European Journal of Operational Research, 2001 (32): 400-410.

[212] Nanere Marthin, Iain Fraser, Ali Quazi, Clare D' Souza. Environmentally Adjusted Productivity Measurement: An Australian Case Study [J]. Journal of Environmental Management, 2007, 85 (02): 350-362.

[213] Chambers R., Y. H. Chung, R. Fare. Benefit and Distance Function [J]. Journal of Economic Theory, 1996 (70): 407-419.

[214] Chung Y. H., Fare R., Grosskopf S. Productivity and Undesirable Outputs: A Directional Distance Function Approach [J]. Journal of Environmental Management, 1997 (51): 229-240.

[215] Tone Kaoru. A Slack-Based Measure of Efficiency in Data Envelopment Analysis [J]. European Journal of Operation Research, 2001, 130 (03): 498-509.

附　录

附表 1　中国纺织业资源环境承载力二次指数平滑值计算表（α=0.95）

年份	时序	资源环境承载力	一次指数平滑值	二次指数平滑值	a_t	b_t	预测值
2009	1	0.055	0.054	0.053	0.055	0.015	—
2010	2	0.089	0.087	0.085	0.089	0.032	0.070
2011	3	0.105	0.104	0.103	0.105	0.018	0.121
2012	4	0.149	0.146	0.144	0.148	0.041	0.123
2013	5	0.226	0.222	0.218	0.226	0.074	0.190
2014	6	0.286	0.283	0.280	0.286	0.061	0.300
2015	7	0.327	0.324	0.322	0.327	0.043	0.347
2016	8	0.359	0.357	0.356	0.359	0.033	0.369
2017	9	—	—	—	—	—	0.392

附表 2　中国纺织业科技创新二次指数平滑值计算表（α=0.95）

年份	时序	科技创新	一次指数平滑值	二次指数平滑值	a_t	b_t	预测值
2009	1	0.036	0.036	0.037	0.036	0.012	—
2010	2	0.042	0.042	0.042	0.042	0.005	0.023
2011	3	0.053	0.052	0.052	0.053	0.010	0.047
2012	4	0.055	0.055	0.055	0.055	0.003	0.063
2013	5	0.054	0.054	0.054	0.054	0.001	0.057
2014	6	0.060	0.060	0.060	0.060	0.006	0.053

续表

年份	时序	科技创新	一次指数平滑值	二次指数平滑值	a_t	b_t	预测值
2015	7	0.079	0.078	0.078	0.079	0.018	0.066
2016	8	0.090	0.090	0.089	0.090	0.012	0.097
2017	9	—	—	—	—	—	0.102

附表3 中国纺织业产业增长二次指数平滑值计算表 （$\alpha = 0.95$）

年份	时序	产业增长	一次指数平滑值	二次指数平滑值	a_t	b_t	预测值
2009	1	0.161	0.160	0.160	0.161	0.013	—
2010	2	0.181	0.180	0.179	0.181	0.019	0.174
2011	3	0.204	0.202	0.201	0.204	0.022	0.200
2012	4	0.217	0.216	0.215	0.217	0.014	0.226
2013	5	0.233	0.232	0.231	0.233	0.016	0.230
2014	6	0.259	0.257	0.256	0.259	0.025	0.249
2015	7	0.262	0.262	0.262	0.262	0.006	0.284
2016	8	0.277	0.277	0.276	0.277	0.014	0.268
2017	9	—	—	—	—	—	0.292